Hans Frör · Spielend bei der Sache

W0228575

Spielend bei der Sache

Hans Frör

81 Spiele
für Schulklassen,
Konfirmandengruppen
und Gemeindekreise

Kaiser

4. Auflage 1973

© 1972 Chr. Kaiser Verlag München. ISBN 3-459-00810-5
Alle Rechte vorbehalten, auch die des auszugsweisen Nachdrucks,
der fotomechanischen Wiedergabe und der Übersetzung.
Umschlag: Ingeborg Geith & Willem Weijers
Satz und Druck: Offsetdruckerei Réssy, München
Printed in Germany

Inhalt

Vorwort

Es begann mit einer achten Hauptschulklasse, die mir ein Jahr lang mit ihrer konsequenten Lustlosigkeit das Leben schwer gemacht hatte. In der letzten Stunde vor den großen Ferien schlug ich — eigentlich mehr aus Verlegenheit — ein Spiel vor: MÜHLE MIT LEBENDIGEN STEINEN (s.S. 38), ein gewöhnliches Gesellschaftsspiel ohne katechetische Absicht. Das Ergebnis war verblüffend: Die Vierzehnjährigen spielten mit einer Konzentration, die ich ihnen nie zugetraut hätte. Auch die Zuschauer waren ganz bei der Sache. Selbst der hartnäckigste Opponent, der zunächst bei meinem Spielvorschlag seine Langeweile unübersehbar demonstriert hatte, wurde mehr und mehr von der Spannung des Spiels angezogen und wollte schließlich unbedingt selbst mitmachen.

Von da an war mir klar: Ich mußte Wege finden, um die Möglichkeiten des Spiels für den Religionsunterricht fruchtbar zu machen. Wenn so ein schlichtes Gesellschaftsspiel in einer sonst uninteressierten und widerspenstigen Gruppe eine solche Dynamik auslöste, dann mußte sich das Spielen als lebensnahes und jugendgemäßes Vehikel des Lernens und Erkennens einsetzen lassen.

Vereinzelt hatte ich schon früher mit Schulklassen gespielt, aber diese Versuche hatten sich auf das Nachspielen von Geschichten beschränkt, und das machte nur den Kindern der unteren Klassen Freude, nicht mehr den Jugendlichen. Jetzt reizte es mich, der Dynamik des Spiels auf die Spur zu kommen und für alle Altersstufen Unterrichtsspiele zu schaffen.

Bei diesen Bemühungen kam mir ein Kreis von Kollegen zuhilfe, der mit mir zusammen vorhandenes Material sammelte und neues ausprobierte. Ich danke Klaus Bösl, Rolf Hanusch, Alfred Kretzschmar, Klaus Meyer, Günter Reins und Johann Schneider, den Teilnehmern dieses Arbeitskreises, die sich fast ein Jahr lang um das Thema bemühten. Außerdem verdanke ich Peter Frör, Hermann Hektor, Wilhelm Nicol und Wolfgang Wunderer Anregungen und Beispiele. Besonderen Dank aber verdienen die Jugendlichen in den Schulklassen, Konfirmandengruppen und Jugendkreisen, die mir durch ihr Mitspielen und ihre Kritik den Weg gewiesen haben.

I. Vorüberlegungen zur Dynamik des Spiels

1. Spielen ist eine freiwillige Tätigkeit

Man spielt gern oder überhaupt nicht. Es ist unmöglich, jemanden zum Spielen zu zwingen. Wenn er sich nicht aus eigenem Impuls beteiligt, wird er zum Spielverderber. Normalerweise übt aber ein Spiel einen Reiz aus. Man will gerne mitspielen. Damit ist die Grenze und zugleich die Chance des Spiels im Unterricht markiert: Es gibt Klassen, mit denen man nicht spielen kann. Sie empfinden es als „kindisch" und lassen sich nicht darauf ein. Allerdings stellt sich gelegentlich heraus, daß eine Gruppe sich anfangs nur zögernd bereit erklärt und im Verlauf des Spiels immer begeisterter mitmacht. In manchen Klassen ist es durch Spiele überhaupt erst gelungen, Interesse zu wecken. Gelingt im Unterricht ein Spiel, so ist damit formal eine ideale Unterrichtssituation zustande gekommen: Die Spielgruppe beschäftigt sich aus eigenem Antrieb mit dem Inhalt des Spiels. Der Lehrer muß nicht (und kann gar nicht) Druck ausüben, denn die Gruppe bewegt sich selbständig zum Ziel. Der Lehrer gibt lediglich die Anregung zum Spiel, erklärt die Durchführung und gibt evtl. Hilfestellungen. Der Reiz des Spiels geht nicht vom Leiter aus, sondern vom Spiel selbst.

2. Wer spielt, versetzt sich in eine Fantasiewelt

Darin ist der Reiz eines Spiels begründet. Man verläßt für die Dauer des Spiels die reale Welt mit ihren Gegebenheiten und baut sich eine andere Welt auf, die zwar auch Elemente der Realität enthält, sich aber durch mindestens ein Fantasieelement von der Wirklichkeit unterscheidet. Diese Kombination von Realität und Fantasie hat das Spielen gemeinsam mit dem Lesen oder Schreiben eines Romans, mit dem Erzählen oder Hören einer Geschichte, mit dem Traum, dem Witz, dem Bild. Daher läßt sich ein Spiel nicht rein mathematisch konstruieren. Fantasie ist nicht logisch ableitbar. Trotzdem lassen sich Anhaltspunkte dafür finden, in welchen Richtungen sich die Fantasie entfalten kann.

10 In mehreren Aspekten kann sich die Spielwelt von der realen Welt unterscheiden:

a) Lediglich dadurch, daß es sich *nicht* um den *Ernstfall* handelt. Das trifft zwar für jedes Spiel zu, es gibt aber Spiele, bei denen dies der einzige Unterschied zur Realität ist: Ich spiele etwas, was in meinem Leben vorkommt, aber eben jetzt nur als Spiel (zB. Reproduktion von Situationen).

b) Durch die *Handlung:* Ich spiele etwas, was ich in der Realität so nicht erlebe (zB. Wunschfantasien).

c) Durch *Ort und Zeit*: Ich versetze mich in ein fernes Land oder in die Vergangenheit oder in die Zukunft. Oder ich kombiniere verschiedene Orten und Zeiten (zB. Fernsehinterview mit Martin Luther in Worms).

d) Durch die *Rolle*: Ich spiele jemanden, der ich in Wirklichkeit nicht bin (zB. eine Gestalt der Bibel).

e) Durch *Zuschauer*: Alle schauen auf mich und mein Spiel (besonders bei der Aufführung von fertigen Stücken).

f) Durch *Verhaltensnormen*: Ich spiele nach Regeln, die im normalen Leben nicht gelten, brauche mich dafür an manche Verhaltensnormen des normalen Lebens nicht zu halten (zB. beim Mensch-ärgere-dich-nicht: Ich muß mich an die gewürfelten Punkte halten, kann aber ohne Gewissensbisse meinen Gegner bekämpfen und hinauswerfen).

g) Durch *symbolische Medien*: Die Spielfiguren symbolisieren die Spieler bzw. die Mannschaft, das Spielbrett die Welt oder den Kampfplatz, die Würfel das Schicksal, die Karten die Machtmöglichkeiten, die man „ausspielen" kann (vgl. die Bedeutung von Redewendungen wie „Die Würfel sind gefallen" oder „Er hat alle Trümpfe in der Hand") usw. All diese symbolischen Medien abstrahieren von der unüberschaubaren Fülle der Wirklichkeit und ermöglichen in Verbindung mit Regeln das Agieren elementarer Lebensvorgänge in einer übersichtlichen, typisierten Spielwelt. Ich setze anstelle meiner persönlichen Aktionsmöglichkeiten handfeste Symbole, deren Funktion ich überschauen und beherrschen kann.

Spielen heißt nicht, daß man irgendetwas zusammenfantasiert, sondern daß man sich im Rahmen vereinbarter Bedingungen bewegt und die Konsequenz dieser Voraus-Setzung durchhält. Wer dazu nicht fähig ist, verdirbt das Spiel.
Die Spielbedingungen müssen vor Beginn des Spiels allen Teilnehmern klar sein. Gute Spieler kommen mit verhältnismäßig wenig Anweisungen aus. Sie schaffen es, von einem eindeutig formulierten Ausgangspunkt aus konsequent weiterzuspielen. Sie gewinnen dadurch Entscheidungs- und Entfaltungsmöglichkeiten bis dahin, daß im Spiel selbst eine Geschichte mit völlig unvorhergesehenen Wendungen entsteht. Je ungeübter die Spieler sind, desto nötiger haben sie ausführliche Anweisungen und Regeln. Dadurch werden allerdings Entscheidungsfreiheit und Ausdrucksmöglichkeit eingeschränkt. Ein Würfelspiel zB. erfordert kein spielerisches Talent. Jeder kann es. Anspruchsvolleren Spielern wird es aber bald langweilig werden. Ein primitiver Rechenautomat könnte es ebensogut spielen. Eine Szene zu improvisieren, erfordert sehr viel mehr Können. Dafür ist es auch umso lebendiger und reizvoller für Spieler, die ein Gespür entwickeln für die innere Konsequenz des Spielgeschehens.
Wenn man mit einer Gruppe spielt, muß man deshalb je nach Spielbegabung das Verhältnis von Regelung und Freiheit abwägen. Die Spielbegabung läßt sich nicht vorhersagen, sondern nur ausprobieren. Man kann zB. nicht von vornherein bei älteren Spielern mehr Talent voraussetzen als bei jüngeren. Bekanntlich improvisieren Vorschulkinder ohne jegliche Anleitung die schönsten Rollenspiele, während viele Jugendliche dazu unfähig sind. Auch die Intelligenz ist kein Kriterium für Spielbegabung. Man kann die Erfahrung machen, daß manche Sonderschüler lebendiger und ungezwungener spielen als manche Gymnasiasten.
Man kann aber das Gespür für die Konsequenz eines Spiels üben und Hemmungen verringern, indem man von leichten, stark regulierten Spielen zu offeneren Spielen fortschreitet.

4. Wer spielt, ist mit seiner ganzen Person bei der Sache

Man weiß zwar, daß man die Spielwelt nur fantasiert, versetzt sich aber trotzdem mit Leib und Seele hinein.
Die Fantasiewelt wird beim Spiel nicht nur überdacht, besprochen,

gelesen, betrachtet (wie etwa bei der Diskussion, beim Buch, beim Bild usw.), sondern personal durchlebt. Je vollkommener die Spieler im Spiel aufgehen, desto gelungener ist das Spiel. Man ist nicht nur rational, sondern vor allem emotional engagiert.

Wenn es gelingt, Glaubens- und Lebensfragen durch ein Spiel zu verarbeiten, hat man die größte Nähe zur behandelten Sache erreicht, die im Unterricht überhaupt möglich ist. Sie wird nur noch durch das Ernstfall-Erlebnis überboten. Die Nachbesprechung kann von Erlebtem ausgehen, nicht nur von Gehörtem, Gelesenem, Gedachtem.

5. In jedem Gruppenspiel vollzieht sich ein Gruppenprozeß

Die Auseinandersetzungen zwischen den Spielern sind nicht nur spielerische, sondern „reale" persönliche Vorgänge. Hier läßt sich Fantasiewelt und Realität nicht mehr trennen. Die Spieler gehen miteinander so um, wie sie sind, sein möchten oder sein könnten. Das Spiel akzentuiert lediglich bestimmte Verhaltensweisen und bringt Teilaspekte deutlicher zum Vorschein. Meist werden in einem Spiel auch emotionale Beziehungen ausgetragen, die sonst in den Hintergrund treten, aber doch in den Spielern angelegt sind: Man kämpft, rivalisiert, wirft den anderen hinaus, spielt mit besonderem Genuß die Rolle des „Bösen", man läßt sich bewundern usw. Da die Konsequenz des Spiels nur bis zum Spielende geht, kann man sich manches leisten, was man sich sonst nicht leisten kann.

Am deutlichsten kommt das bei gruppendynamischen Spielen zum Tragen: Man erfährt spielerisch Möglichkeiten des eigenen Verhaltens. Im Grunde ist aber jedes Spiel gruppendynamisch auswertbar, auch wenn in erster Linie ein anderes Ziel intendiert wird. Die Frage: „Wie haben sich die Spieler zueinander verhalten?" ist in jedem Fall fruchtbar, für den beobachtenden Spielleiter und für die Spieler selbst, wenn sie bereit sind, darüber zu reflektieren. Andererseits sind auch völlig zweckfreie Spiele ohne pädagogische Abzweckung und ohne anschließende Reflexion hilfreich für die Gemeinschaftsbildung. Etwa in disziplinär schwierigen Klassen können sie zu einem besseren Arbeitsklima verhelfen.

6. Das Unterrichtsspiel verbindet die Spieldynamik mit dem Lernprozeß

Die Vorzüge, die das Spielen gegenüber anderen Formen des Unterrichts hat (Freiwilligkeit, Fantasie, innere Konsequenz, personales Engagement, Gruppenprozeß) werden für den Lernprozeß fruchtbar gemacht.
Unterrichtsspiele bewegen sich dabei zwischen zwei Polen:

1. *Identität:* Das Spiel ist in seiner Dynamik identisch mit dem Lernprozeß (zB. Entscheidungsspiel, Experiment).

2. *Koppelung:* Der Lerninhalt wird einem Spiel beliebiger Art aufgepfropft. Die Spieldynamik hat mit dem Inhalt nichts zu tun, ist aber im Spiel mit ihm verbunden und zieht ihn durch ihre emotionale Kraft mit (zB. Quizz über gelernten Stoff).

Je deutlicher man beim Unterrichtsthema selbst eine zwischenmenschliche, personale, emotionale oder auch sachliche Dynamik entdeckt, desto besser läßt sich das Spiel dem ersten Pol der Identität annähern.
Je mehr es beim Unterrichtsthema um Lernstoff oder Wissensvermittlung geht, desto mehr wird sich das Spiel dem zweiten Pol der Koppelung annähern.

Es besteht wohl Einigkeit darüber, daß es gerade in der kirchlichen Arbeit in erster Linie darauf ankommt, die innere Dynamik der behandelten Themen zu erkennen und nachzuvollziehen. Die Gestaltung von Spielen, deren Dynamik sich mit der Dynamik des Themas annähernd deckt, hilft nicht nur den Schülern, sondern auch dem Lehrer, die Lebendigkeit des Problems aufzuspüren.

II.   Modelle

Im Folgenden wird versucht, die Fülle der Spielmöglichkeiten zu
systematisieren und verschiedene Spieltypen zu charakterisieren.
Dabei lassen sich die einzelnen Modelle nicht immer streng voneinander trennen. Viele Spiele tragen die Kennzeichen verschiedener
Typen und sind nur nach einer Richtung hin besonders akzentuiert.
Aus Gründen der Übersicht werden in diesem Teil nur „kleine Spiele" als Beispiele angefügt, dh. Spiele, die sich in ein paar Zeilen beschreiben lassen. Die „großen Spiele", über die ausführlicher berichtet werden muß und die auch bei der Durchführung längere Zeit be-
anspruchen, sind im letzten Teil zusammengestellt.

1. Rollenspiele

Das Rollenspiel wird wohl am häufigsten praktiziert und hat auch
schon seit langem seinen Platz im kirchlichen Unterricht gefunden.
E.J. Lutz hat in seinem Buch „Das katechetische Spiel" eine Zusam-
menfassung gegeben. Bei ihm finden sich auch viele Hinweise zur
Methode der Arbeit mit Rollenspielen und zu den verschiedenen
Spielaltern.
Der Reiz des Rollenspiels liegt in der Identifikation mit einer Rolle
und im Aufbau einer Handlung. Dazu kommt meist der Anreiz, vor
Zuschauern zu spielen. Voraussetzung ist also, daß jeder Spieler
über seine Rolle und über die Handlung Bescheid weiß. Lutz formuliert drei Fragen, die bei Spielbeginn geklärt sein müssen: 1. Wer
bin ich? 2. Wo bin ich? 3. Was soll ich? (S. 29 ff).
Ungeübten Spielern muß man helfen, sich in ihre Rolle hineinzuversetzen. Gelegentlich kommt es vor, daß die Spieler *über* den
Menschen reden, den sie verkörpern sollen, anstatt ihn zu spielen.
G. Weber gibt in „Lernen in Gruppen" ein Beispiel für die „Beratung" der Spieler: „Diese Beratung darf nicht mit Vormachen ver-
wechselt werden. Sie besteht vielmehr in Fragen zur Rolle: Du
spielst den Vater. Wie alt bist du? Was hast du den Tag über gemacht? Welcher Tag ist überhaupt und welche Tageszeit? Bist du
müde? Hast du dich bei der Arbeit geärgert? Oder hast du ein gutes Geschäft gemacht und bist bester Laune? Wie ist deine Frau?

Ist sie streng? Was machst du, wenn du hungrig nach Hause
kommst und das Essen nicht fertig ist? Alle Fragen erlauben dem
Jugendlichen, sich seinen Vater oder den eines Freundes vorzustellen, ohne daß das für die anderen sichtbar wird. Seine Rolle füllt
sich mit konkreten Vorstellungen." (S. 42)
Zusätzlich hilft zur Identifikation mit der Rolle irgendein kenn-
zeichnendes Kleidungsstück oder eine Maske, oder auch nur ein
Schild mit der Rollenbezeichnung, das man um den Hals hängen
kann. Überhaupt ist alles Handfeste, Gegenständliche hilfreich:
Tisch und Stuhl, Telefon (auch wenn der Anruf nur simuliert wird
– man hat wenigstens etwas in der Hand), Mikrophon für den Reporter, Glocke für den Präsidenten usw. Natürlich geht es nicht
darum, im Klassenzimmer „Theater" zu machen mit Schminke,
Kostümen und Scheinwerfern. Aber wie eine Vierjährige sich in
eine „Braut" verwandelt, indem sie sich irgendein Tuch als „Schlei-
er" um den Kopf bindet, wird auch durch ähnliche Hilfen den älteren Kindern das Spielen erleichtert. Natürlich können geübte Gruppen dann auch darauf verzichten, und evtl. erhält ihr Spiel dadurch
noch einen besonderen Reiz, daß sie perfekt mit Gegenständen umgehen, die nur in der Fantasie vorhanden sind.
Die Spannung eines Rollenspiels kann zusätzlich durch eine Ton-
bandaufnahme erhöht werden: Man ist hinterher sein eigenes Publikum.
Die folgenden Rollenspielformen vom „Spielen von fertigen Texten" bis zu den „Entscheidungsspielen" sind so angeordnet, daß
eine Stufenfolge entsteht von stärker regulierten zu mehr offenen,
freier zu gestaltenden Spielen.

a) Spielen von fertigen Texten

Bei der Aufführung von fertigen Stücken liegt der Hauptakzent für
die Spieler im Agieren vor den Zuschauern. Man spielt Theater,
steht im Rampenlicht, erntet Beifall. Auf dieses Ziel hin wird die
Rolle gelernt und geübt. Die gemeinsame Arbeit und das gemeinsame Erfolgserlebnis schließen die Gruppe zusammen. Der Inhalt des
Stückes ist zweitrangig. Auch wenn manche Spielgruppen die „Aussage" des Stückes betonen, scheint mir doch der Hauptreiz im Dar-
stellen zu liegen, nicht in der Aussage. Man lernt den Inhalt zwar
intensiv kennen, identifiziert sich vielleicht auch mit ihm, aber man
hat nur beschränkte Gestaltungsmöglichkeit und keine Entscheidungsfreiheit über den Ablauf der Handlung. Gearbeitet wird an der
Art der Darstellung, nicht an der dargestellten Geschichte selbst.

16 Das Spielen von fertigen Texten ist vor allem Sache von Gruppen, die sich speziell die Vorbereitung einer Aufführung vorgenommen haben. Denn nebenbei läßt sich solch eine intensive Arbeit nicht bewältigen. Für Unterrichtsgruppen kommen deshalb nur kleine Ansätze in dieser Richtung in Frage: Ein paar begabte Schauspieler bereiten als Anspiel für eine Unterrichtseinheit einen Ausschnitt aus einem Drama oder ein kurzes Kabarettstück vor. Oder man liest eine Szene mit verteilten Rollen als Diskussionsgrundlage. Besonders eignet sich das Hörspiel.

1 **Die Panne.** Ein Team aus einer Jugendgruppe von 18jährigen Gymnasiasten sprach Dürrenmatts Hörspiel ,,Die Panne" auf Tonband, selbstverständlich mit allen verfügbaren Schalleffekten. In der Gruppe wurde das Band vorgeführt und besprochen.

Wesentlich ergiebiger für den Lernprozeß ist es natürlich, wenn eine Gruppe ihre Texte selbst verfaßt und dann spielt. So können begabte ältere Jugendliche Zeitprobleme in Form eines Kabaretts verarbeiten, jüngere können aus einer besprochenen Geschichte einen Hörspieltext erarbeiten und spielen.

2 **Ich glaube an Jesus Christus.** Eine 6. Hauptschulklasse erarbeitete ein Hörspiel zum 2. Glaubensartikel. Rahmenhandlung: Ein Heide fragt einen Christen nach seinem Glauben. Dieser erzählt ihm, dem Glaubensbekenntnis entlanggehend, von Jesu Geburt, Verurteilung, Tod und Auferstehung. Jedes dieser Ereignisse wird in Rückblende szenisch dargestellt. Die Szenen wurden von verschiedenen Schülern zuhause verfaßt und in der Klasse überarbeitet.

Da man das Tonband auch als Mitspieler selbst anhören kann, ist beim Hörspiel ein Publikum nicht unbedingt nötig. Normalerweise braucht man aber für das Spielen von fertigen Texten eine Veranstaltung, auf die man hinarbeitet. Sehr sinnvoll ist zB. die Vorbereitung von eigenen oder fremden Kurzszenen für einen Gottesdienst. Hier bildet das Spiel eine Brücke vom Klassenzimmer zur Kirche.

b) Spielen von Geschichten

Geschichten, die vorher erzählt, gelesen, behandelt wurden, werden gespielt. Der Text liegt nicht fest, aber die Handlung. Jeder Spieler muß sich in das Geschehen hineinversetzen und es in seine eigene Ausdrucksweise umsetzen. Dadurch erlebt er die behandelte Geschichte noch einmal mit. Gleichzeitig ist das Spielen einer Geschichte eine Interpretation. Ich spiele sie so, wie ich sie verstehe und erlebe. Falsch Verstandenes kann durch die Zuschauer korrigiert werden. Auch die Vorüberlegungen haben hier eine klärende Bedeutung: Ich muß mir ja überlegen, wie ich meine Rolle spielen soll, und dabei stellen sich von selbst Fragen über die Person, die ich darstelle: Was ist das für ein Mensch? Wie verhält er sich? Warum verhält er sich so? Wie reagieren die anderen auf ihn? usw.

Ausführlich beschreibt Lutz „Die Umwandlung einer Erzählung in die szenische Form" (S. 78). Er schlägt ein Klassengespräch mit folgenden Arbeitsschritten vor:

(1) Die „dramatische Situation" wird gesucht, die Szene, in der die Geschichte ihren Höhepunkt und ihre Lösung erreicht.

(2) Die Geschichte wird auf diese eine Szene konzentriert. Was vorher geschehen ist, wird durch das Verhalten der Spieler oder durch zusätzliche Dialoge verdeutlicht.

(3) Die Charaktere der einzelnen Personen werden herausgearbeitet. Jeder muß wissen, wie er sich benimmt und warum er sich so benimmt.

(4) Die Handlung wird aufgebaut: Wann treten die Spieler auf? Was tun sie? Auf welches Ziel strebt die Handlung zu?

(5) Jetzt erst wird gespielt.

Da im Spiel auch eine Interpretation zum Ausdruck kommt, läßt sich ein Gespräch über die Bedeutung einer Geschichte dadurch anregen, daß mehrere Spielgruppen dieselbe Geschichte vorspielen. Die Gruppen bereiten ihre Szene getrennt möglichst sorgfältig vor, damit beim Darbieten nicht eine Gruppe die andere einfach nachmacht, und spielen dann die verschiedenen Versionen nacheinander. Anschließend überlegen sich alle, welche Unterschiede aufgefallen sind und welches Verständnis jeweils darin zum Ausdruck kommt.

Kinder spielen normalerweise eine Geschichte gern nach. Mit der Pubertät setzt gewöhnlich eine Spielhemmung ein, verursacht durch die allgemeine Unsicherheit dieser Entwicklungsstufe. Später gibt sich das wieder, aber auch ältere Jugendliche haben meist keine Lust mehr, Geschichten einfach zu reproduzieren, es sei denn, sie eröffnen Möglichkeiten für eigene Einfälle, etwa dadurch, daß eine biblische Geschichte modern gespielt wird oder daß der Aspekt der Interpretation im Vordergrund steht. Das einfache Nachspielen eignet sich deshalb vor allem für die unteren Jahrgänge.

18 Inhaltlich eignen sich alle Geschichten zum Spielen, in denen lebendige Dialoge vorkommen: Biblische Geschichten, Beispielgeschichten und Episoden, die einen Begriff oder Sachverhalt verdeutlichen.

Für biblische Geschichten beschreibt Lutz drei Spielformen (S. 36 ff):

(1) Die eigentliche Darstellung eines biblischen Geschehens. Ein kurzer Handlungsablauf wird nachgespielt, wie ihn die Bibel berichtet.

3-5 **Josephs Brüder nach dem Tod Jakobs** — Gen. 50, 15-21
Die Weisen bei Herodes — Matth. 2, 1-12
Der verlorene Groschen — Luk. 15, 8-10

(2) Die Darstellung eines sogenannten „Randgeschehens". Gestalten, die im biblischen Bericht nur am Rand oder überhaupt nicht erwähnt werden, erzählen oder diskutieren über das biblische Ereignis.

6 **Klagende Israeliten** — zu Ex. 6,5.
Einige Leute sitzen müde nach der Fronarbeit zusammen und reden über die Unterdrückungsmaßnahmen der Ägypter.

7 **Gespräch mit dem Herbergswirt** — zu Luk. 10, 25-35.
Der Samariter liefert den Überfallenen ab, und der Wirt will natürlich genau wissen, was geschehen war.

8 **Verkäufer vor dem Tempel** — zu Matth. 21, 12-13.
Die hinausgetriebenen Händler sitzen wütend vor dem Tempel und besprechen, was sie erleben mußten.

(3) Darstellung in Form einer Erzählpantomime (Spiegelgeschehnis).

9 **Erzählpantomime.** Die Geschichte selbst wird vom Lehrer während des Spiels erzählt, alle spielen Zuschauer, die zB. am Straßenrand stehen und beobachten, wie Jesus kommt, einen Menschen heilt, sich mit seinen Gegnern auseinandersetzt, zu einem „Sünder" ins Haus geht usw. In den Gesichtern und Gebärden der Spieler „spiegelt" sich, was vor ihren Augen geschieht. Dabei kann man natürlich auch Rollen verteilen: Freunde Jesu, Gegner Jesu, Pharisäer, Bettler, Kinder, Alte, römische Soldaten, vielleicht auch Theologen, Geschäftsleute und Touristen aus dem 20. Jahrhundert.

Wenn der Lehrer zur Verdeutlichung oder als Gesprächsgrundlage eine prägnante Geschichte eingebracht hat, die nicht aus der Bibel stammt, aber zur Veranschaulichung des Unterrichtsthemas im Gedächtnis bleiben soll, so kann sie selbstverständlich auch gespielt werden.

Sadhu Sundar Singh. Als Beispiel zum 1. Gebot wurde in einer Klasse erzählt, wie die Familie den jungen Sundar Singh von der Taufe abhalten wollte. Besonders eindrücklich war die Szene, wie sein Onkel ihn in seine Schatzkammer führte, ihm Reichtümer anbot und sogar vor ihm niederfiel, um ihn umzustimmen. Diese Szene wurde nachgespielt. Im Gespräch mit dem Onkel kann alles noch einmal auftauchen, was vorher geschehen war.

10

Verleugnung. Vor der Erzählung der Verleugnung des Petrus in einer 4. Klasse sollte der Begriff „Verleugnung" geklärt werden. Der Lehrer erzählte und spielte mit der Klasse die Geschichte eines Jungen, der sich vor seinen feinen Freunden seiner ärmlich aussehenden Mutter schämte und sagte: Das ist unsere Putzfrau.

11

Bei dem letzten Beispiel drängt es mich, das Spiel anders aufzuziehen oder ein zweites Spiel hinzuzufügen: Der Junge sagt ganz unbefangen: Das ist meine Mutter. Einer von den Freunden mokiert sich. Was geschieht weiter?
Allgemein gesagt: Unterrichtsbeispiele, die aus dem Alltag stammen, lassen sich meist in einer offeneren Spielform fruchtbarer auswerten (vgl. die nächsten drei Modelle). Wenn man sie nur erzählt und dann nachspielt, verliert man die Chance, daß die Spieler ihre eigene Alltagswelt mit einbringen. Außerdem verlieren viele Jugendliche ihre Hemmungen, sobald sie an der Gestaltung der Handlung selbst mitarbeiten können.

Ein weites Feld fantasievoller Gestaltung öffnet sich, wenn man symbolische Medien und technische Mittel zu Hilfe nimmt. Sie eignen sich auch für andere Rollenspiele, zB. für das Spielen von fertigen Texten, haben aber gerade für das Nachspielen von Geschichten besondere Bedeutung, da sie Hemmungen überwinden können.

Handpuppen, wie sie als „Kasperltheater" bekannt sind, lassen sich auch für ernsthafte Geschichten verwenden. Ihre Eigenart ist es, auch die Zuschauer ins Gespräch einzubeziehen. Kinder reden da bekanntlich eifrig mit. So kann etwa ein „Jünger", der Jesu Begegnung mit dem reichen Jüngling miterlebt hat, die Kinder um ihre Meinung fragen.
In einem Münchner Kindergottesdienst führt gelegentlich der Helferkreis (15-17jährige) den Kindern die biblische Geschichte mit Handpuppen vor. Die Jugendlichen zeigen dabei keinerlei Hemmun-

12

20 gen, während sie dieselbe Geschichte persönlich nicht spielen könnten. Daß auch Jesus durch eine — übrigens sehr schöne— Puppe dargestellt wird, stört die Kinder nicht. Sie gehen mit den Spielpuppen genau so ernsthaft um wie mit Menschen. Manche Kinder, die beim Gespräch mit Erwachsenen sehr gehemmt sind, sprechen plötzlich mit Handpuppen völlig unbefangen.

13 **Stabpuppen** sind unbewegliche Figuren, die von unten mit einem Stab geführt werden. Sie eignen sich weniger für ein Gespräch mit den Zuschauern, können aber untereinander lebhafte Dialoge führen. Da sie sehr leicht zu handhaben sind, helfen sie Kindern und Jugendlichen, die Szene frei zu gestalten.

14 **Marionetten** erfordern eine gewisse Kunst des Führens und allerhand technischen Aufwand. Gelegentlich werden im Rahmen der Kunsterziehung solche Figuren gebastelt. Dann kann man sie natürlich auch im Religionsunterricht als „Schauspieler" verwenden.

15 **Schattenspiele** erleichtern das Agieren, weil man die Spieler nicht direkt sieht, sondern nur ihren Schatten. Eine scharfe Lichtquelle steht hinter einer Leinwand, die Spieler bewegen sich zwischen Licht und Leinwand, so daß sich ihr Schatten für die Zuschauer sichtbar abbildet. Meist verwendet man Schattenspiele für verrückte Sketche, weil man mit ihnen Tricks vorführen kann, zB. Operationen, bei denen der Doktor dem Patienten alle möglichen Gegenstände aus dem Bauch holt. Ich habe aber auch schon sehr eindrucksvolle Schattenspiele gesehen, bei denen mit einfachsten Mitteln (ausgeschnittenem Papier) die Szenerie angedeutet wurde und die Darsteller durch die eigentümliche Ausdruckskraft der Schatten eine intensive Wirkung erzielten.
Ein Schattenspiel muß allerdings von den Spielern gut vorbereitet sein und eignet sich daher nur für besondere Anlässe, zB. für einen Elternabend.

16 **Sandkastenspiele** dienen kleineren Kindern (etwa bis zur 2. Klasse) zur Veranschaulichung einer Geschichte, ohne daß sie die Fantasie einengen. Man braucht dazu einen Sandkasten, wie er in manchen Schulzimmern steht, und ganz einfache gedrechselte Holzfiguren. Im Sand wird zuerst die Szenerie gebaut, zB. für die Zachäusgeschichte der Jordan, die Stadt Jericho, die Straße, der Baum, das Haus des Zöllners. Nun kann entweder der Lehrer schon beim Erzählen die Figuren wandern lassen, oder die Kinder erzählen die Geschichte nach und bewegen dabei die Figuren. (Ausführlicher beschrieben bei Emanuel Jung, Sonntagsschule als Kindergottesdienst, S. 83.)

Eine Variante des Nachspielens von Geschichten möchte ich noch nennen: Die Klasse konstruiert ein *Drehbuch*. Bei Gruppen, die zu große Hemmungen beim Spielen zeigen, kann dies zur Verarbeitung und Vertiefung der besprochenen Geschichte anregen, auch wenn der Film dann nicht gedreht wird. Durch die vielfältigen Mittel des Films wird die Fantasie angeregt: In welcher Landschaft filmen wir? Welche Einstellungen? Welche Beleuchtung? Wie sollen die Gesichter aussehen? Wie gestalten wir die Dialoge? Was für eine Musik? Wo arbeiten wir mit Rückblenden? Durch solche Überlegungen können Gedanken und Gefühle zum Ausdruck kommen, die die Kinder in einem gewöhnlichen Unterrichtsgespräch nur sehr schwer formulieren können.

Freunde und Feinde Jesu. In einer dritten Klasse wurde die ganze **17** Passionsgeschichte mit der Drehbuchmethode durchgearbeitet, wobei in jeder Arbeitseinheit wieder eine andere Gestalt oder Gruppe aus den Freunden und Feinden Jesu im Mittelpunkt stand.

■

Die folgenden drei Modelle haben viel gemeinsam. Man könnte sie eigentlich alle als Entscheidungsspiele bezeichnen, denn auch bei der Darstellung und Einübung von Situationen steht es den Spielern frei, wie sie den Fortgang der Handlung gestalten. Trotzdem möchte ich die Situationsspiele vom eigentlichen Entscheidungsspiel unterscheiden. In ihnen steht weniger die Entscheidung im Vordergrund als vielmehr das Bewußtwerden der typischen Problematik einer Situation.

c) Darstellung von Situationen

Die Spieler bekommen die Aufgabe, Situationen, die sie aus ihrer Erfahrung kennen, nachzuspielen. Lebensprobleme, die in typischen Situationen auftauchen, werden nacherlebt und dadurch bewußter gemacht.
Hier spielt meistens ein Teil der Spieler sich selbst, auch die Handlung entspricht der Wirklichkeit. Der Reiz liegt einmal darin, daß es sich jetzt nicht um den Ernstfall handelt („Jawohl, genau so ist es! Aber zum Glück ist es jetzt nur ein Spiel!"), zweitens in der Spannung der Zuschauer und auch der Spieler, die ihre Mitspieler beobachten, wie der andere mit diesem wohlbekannten Problem umgeht.

22 Ein gelungenes Spiel dieser Art wirkt an sich schon befreiend, regt aber außerdem zum Gespräch an: „So hätte ich mich hier nicht verhalten" — „Genau so gehts mir immer, aber was soll man machen?" Voraussetzung für das Gelingen des Spiels ist lediglich, daß die Situation den Spielern aus eigener Erfahrung bekannt ist. Jede Altersgruppe kennt Situationen, die für sie besonders bedeutsam sind, und kann diese auch nachspielen. Wenn die Situation eindeutig markiert ist, entwickelt sich die Handlung von selbst während des Spiels. Gelingt der erste Versuch nicht, so kann man eine kurze Besprechung einschalten und die Szene noch einmal spielen. Bei der Beratung der Spieler wird nicht die Handlung vorbesprochen, sondern nur zum besseren Verständnis der Rollen beigetragen (s. S.14 f). Auch bei diesem Modell wird die Spannung erhöht, wenn mehrere Gruppen dieselbe Situation vorbereiten und einander vorspielen.

18 **Vater kommt nach Hause.** In einer 8. Klasse wurde über die Berufswahl gesprochen. Es zeigte sich, daß viele Schüler utopische oder idealisierte Berufspläne hatten. Daraufhin ließ der Lehrer mehrere Gruppen hintereinander die häusliche Situation spielen, wenn der Vater heimkommt von der Arbeit. Die oft recht mürrischen und abgearbeiteten „Väter" konfrontierten die Schüler mit der Wirklichkeit der Arbeitswelt und führten zu einer realistischeren Einschätzung der vor ihnen liegenden Berufstätigkeit.

19 **Tochter will ausgehen.** Beim Thema Liebe kommen regelmäßig auch die Eltern mit ins Gespräch, die von vielen als „Bremse" empfunden werden, wenn es um den Freund oder die Freundin geht. In einer 9. Klasse wurde daher als Einleitung zu diesem Thema die Auseinandersetzung gespielt zwischen den Eltern und der Tochter, die „schon wieder" abends mit ihrem Freund weggehen will.

20 **Sonntags um halb elf.** Bei der Besprechung des Kindergottesdienstes spielten 3. und 4. Klassen mehrmals (jeder wollte drankommen!) die Familie am Sonntag beim Frühstück. Das Kind sagt: Ich will in den Kindergottesdienst. — Reaktion der Eltern, Gespräch.

21 **Mutter in Lebensgefahr.** Zum Thema Indikation wird angenommen, daß die Mutter die Geburt ihres Kindes wahrscheinlich nicht überstehen wird. Mehrere Gruppen besprechen die Lage: Die Ärzte im Krankenhaus, die Familie, die Freundinnen der Mutter.

Eine Sonderform der Darstellung von Situationen ist der Rollentausch. Auch hier spielt man eine bekannte Situation noch einmal durch, aber man erlebt sie nun aus ganz neuem Blickwinkel, da

man entweder im Spiel eine andere Person ist oder sich selbst, *23*
durch einen andern verkörpert, zuschauen kann.

Rollentausch. In einer Klasse hat ein Schüler ein persönliches Erlebnis erzählt. Einige Mitschüler haben kein Gespür für die Intimität dieses Berichtes und reagieren taktlos und unsachgemäß. Der Lehrer fordert diese Schüler auf, das berichtete Erlebnis darzustellen. Der Junge sieht nun sein eigenes Erlebnis vor sich, kann korrigieren und Stellung nehmen, und die Spieler müssen versuchen, sich in den Jungen hineinzudenken und sein Erlebnis nachzufühlen. 22

Auch der Rollentausch zwischen Lehrer und Schülern kann erhellend wirken, vor allem macht er allen Beteiligten großen Spaß.

d) Einübung von Situationen (Übungsspiele)

Wenn man Kinder und Jugendliche auf die Bewältigung des Lebens vorbereiten will, genügt es nicht, ihnen davon zu erzählen. Die praktische Übung muß dazukommen. Am günstigsten ist es natürlich, wenn man an Ort und Stelle üben kann ohne den Umweg des Spiels. Um zB. demokratisches Verhalten zu üben, braucht man kein Spiel. Die Gruppe kann es bei allem, was sie unternimmt, selbst praktizieren. Übungsspiele sind notwendig, wenn in den Übungssituationen Personen oder Gegebenheiten vorkommen, die in der Gruppe nicht zur Verfügung stehen, oder wenn die Übungssituation erst in der Zukunft aktuell sein wird.
Der Reiz des Übungsspiels liegt also darin, daß sich die Spieler in eine andere Umwelt oder in die Zukunft versetzen, in der sie zB. selbst Väter oder Mütter sind. Auf diese Art spielen bereits dreijährige Kinder mit großer Hingabe und vollziehen damit die Identifikation mit den Erwachsenen.
Voraussetzung für ein Übungsspiel ist, daß sich Spieler und Zuschauer die Situation gut vorstellen können. Beim Spiel selbst haben die Zuschauer eine wichtige Funktion. Sie beobachten, wie die Spieler mit dem Problem umgehen und geben bei der Nachbesprechung ihre Eindrücke wieder. Die Gruppe überlegt kritisch, ob das gespielte Verhalten der Realität entspricht und Bewältigungsmöglichkeiten darstellt. Diese Diskussion kann zu weiteren, besseren Spielversuchen führen, so lange, bis die Ergebnisse die Gruppe befriedigen.

Aufklärung. In einer 7. Klasse wurde über Sexualität gesprochen. Die Mädchen erzählten von der Unfähigkeit ihrer Eltern bei „Auf- 23

klärungsversuchen''. Entsprechend waren auch die Mädchen selbst beim Gespräch über sexuelle Fragen gehemmt und unbeholfen. Der Lehrer schlug ein Übungsspiel vor: Je zwei Mädchen spielten Mutter und Tochter. Das Alter der Tochter konnten sie sich aussuchen. Die Mutter mußte der Tochter auf sexuelle Fragen antworten. — Neben der Einübung in die spätere Situation und in den unbefangeneren Umgang mit sexuellen Fragestellungen wuchs auch das Verständnis für die eigenen Eltern, die sich in dieser Aufgabe schwer taten.
Bei dieser Übung merkte man sehr deutlich, daß es nicht genügt hätte, wenn der Lehrer erklärt oder vorgemacht hätte, wie man über dieses Thema sprechen kann. Das war geschehen, und trotzdem gelang es den Schülerinnen bei den ersten Versuchen kaum.

78 **Das Schlüsselspiel** (ausführlich im letzten Teil S. 72) kann als Übung zur Austragung und Bewältigung von zwischenmenschlichen und familiären Konflikten verwendet werden.

24 **Besuchsdienst.** Übungsspiele werden auch bei Erwachsenen praktiziert. Ein Besuchsdienstkreis übt das Gespräch bei einem Hausbesuch: Ein Teilnehmer spielt die Rolle eines Gemeindeglieds, das ihm von seinem letzten Besuch in Erinnerung ist. Ein anderer spielt den Besucher. Oder: Der Teilnehmer, der das Gemeindeglied spielt, erhält eine Information über Eigenarten und Probleme seiner Rolle.

e) Entscheidungsspiele

Eine Geschichte oder eine Situation wird geschildert bis zu einem Punkt, an dem eine Entscheidung unumgänglich ist. Hier setzt das Spiel ein. Die Spieler müssen also nicht eine vorgegebene Handlung übernehmen, sondern sie versetzen sich in ein Spannungsfeld, in dem sie frei agieren können. Gebunden sind sie nur an ihre Rollencharakteristik und an die Vergangenheit, die ihnen mitgeteilt wurde. Die Zukunft ist offen.
Dadurch werden die Spieler wesentlich umfassender in das Spielgeschehen gezogen. Die Auseinandersetzung betrifft sie selbst, nicht nur die Rollen, die sie spielen. Das Entscheidungsspiel ist deshalb für den Lernprozeß optimal geeignet. Die Lösung des Problems vollzieht sich im Spiel, nicht erst durch anschließende Reflexionen — wobei Nachbesprechungen natürlich nicht überflüssig geworden sind. Im Gegenteil: Die Problematik wird meist so lebendig, daß sich die Spielauseinandersetzung fast nahtlos in einer heftigen Diskussion fortsetzt.

Die Möglichkeiten des Entscheidungsspiels erstrecken sich von der
Drei-Minuten-Szene bis zum mehrtägigen Gruppen-Entscheidungs-
spiel. Kurze, einfache Entscheidungsspiele lassen sich schon mit
Kindern spielen. Größere Spiele mit differenzierten schriftlichen
Rolleninformationen sind für Jugendliche und Erwachsene geeignet. Bei der Vorbereitung eines Spiels für eine bestimmte Altersgruppe ist zu prüfen, 1. ob der Spielkonflikt von den Spielern er-
faßt und nachvollzogen werden kann, 2. ob die Bewältigung des
Konflikts in einer Zeit ablaufen kann, die dem Spannungsbogen
der Spieler entspricht. Für 10jährige sind 30 Minuten schon viel,
14jährige können ein Spiel mehrere Stunden durchhalten, ältere
Jugendliche und Erwachsene u.U. mehrere Tage.

Ein Entscheidungsspiel steht und fällt mit der Ausgangssituation,
in die die Spieler durch die Mitteilung der Vorgeschichte versetzt
werden. Hier ist folgendes wichtig:

1. Die Ausgangssituation muß so geschaffen sein, daß mehrere Entscheidungsmöglichkeiten mit etwa gleich großem Anspruch verfoch-
ten werden können. Wenn die einzig richtige Entscheidung auf der
Hand liegt, kommt kein Spiel zustande.

2. Die Rollen müssen so definiert sein, daß sie mit verschiedenen
Motiven an das Problem herangehen. Wenn von vornherein alle am
gleichen Strang ziehen, wird das Spiel langweilig und außerdem
wirklichkeitsfremd.

3. Meistens sind im Leben nicht nur die Motive der Beteiligten,
sondern auch die Informationen verschieden. Man gibt deshalb
beim Entscheidungsspiel jedem Spieler nur die Informationen über
die Situation, die er entsprechend seiner Rolle zu Beginn des Vor-
falls haben kann. Dabei lassen sich auch Gerüchte und Vermutungen einbauen. Sie müssen allerdings als solche gekennzeichnet sein.

Normalerweise wird man darauf achten, daß die Spieler vor dem
Spiel *nicht* miteinander über ihre Rollen sprechen. Die ganze Auseinandersetzung soll *im* Spiel geschehen, niemand soll vorher wissen, was der andere vorhat und wie das Spiel enden wird. Abspra-
chen über den Verlauf der Handlung halte ich höchstens dann für
sinnvoll, wenn mehrere Gruppen dasselbe Spiel vorführen, so daß
die Spannung sich mehr auf den Vergleich der verschiedenen —
vorbesprochenen — Entscheidungen richtet. Aber selbst in diesem
Fall ist eine Vorplanung eigentlich nicht nötig. Wenn die Spieler
bei komplizierteren Rolleninformationen Beratung brauchen, sollte sie mit jedem Spieler einzeln durchgeführt werden.

26 Für die Nachbesprechung ist es nützlich, wenn man den Zuschauern bestimmte Beobachtungsaufgaben überträgt, zB.: Zeichnen von Soziogrammen, Beobachtung je eines bestimmten Spielers, Registrieren von typischen Interaktionen wie Angriff — Verteidigung, Hetze — Vermittlung, Ausweichen — sachliches Argumentieren, Isolation — Bündnis (s.S. 80 Auswertungsbogen).

(1) Entscheidungsspiele zu biblischen Geschichten

25 Entlohnung der Arbeiter — Matth. 20, 1-15.
Die Geschichte von den Arbeitern im Weinberg wird bis V. 8 erzählt, oder besser: Der Lehrer spielt, während er erzählt, schon den Weinbergbesitzer und holt jeweils einige Schüler vom „Markt" (= Schulbänke) zum „Weinberg" (= Platz an der Tafel). Dann ruft er den Verwalter, einen vorher eingeweihten Schüler, und läßt ihn den Lohn auszahlen, wie im Text beschrieben. Der ausgezahlte Betrag muß allen als ein Tageslohn erkennbar sein, also am besten je 30 DM (selbstgemachte Papierscheine). Wie reagiert die Gruppe?

26 Wie er mir, so ich dir — Matth. 18, 23-35.
Das Gleichnis vom Schalksknecht wird bis V. 27 erzählt, evtl. nachgespielt. Der Junge, der die Rolle des Schalksknechts spielt, wird informiert, daß sein Kollege ihm 100 DM schuldet. Der Junge, der den Kollegen spielt, wird instruiert, daß er um Zahlungsaufschub bitten soll. Das Spiel beginnt: Beide treffen sich auf der Straße.

Bei diesen beiden Spielen kann das Ergebnis entweder dem Schluß der biblischen Vorlage gleichen, oder das Gegenteil kann herauskommen. In beiden Fällen wird die Spannung wachsen, wie die Geschichte in der Bibel ausgeht. Man kann auch nach dem ersten Durchgang zu einer zweiten Version auffordern: „Die Geschichte könnte auch anders ausgehen ..." — und ein zweites Spiel als Kontrast hinzufügen. Wenn die Geschichte der Klasse schon bekannt ist, kann man gleich ein Kontrastspiel vorschlagen.

27 Der siedende Kessel — Jeremia 1, 13ff.
In einer 7. Hauptschulklasse wurde die Behandlung des Propheten Jeremia durch folgendes Spiel eröffnet. Der Lehrer forderte die Klasse auf, sich folgenden Traum vorzustellen: Ein riesiger Topf steht über einem Feuer, das Wasser kocht, quillt über den Rand und kommt als riesiger Schwall uns entgegen. Gleichzeitig sollte der Träumer das Gefühl haben, daß diese Erscheinung für alle von größter Wichtigkeit ist. Zunächst schrieb jeder für sich auf, was der Traum wohl bedeuten könnte. Ergebnisse: Ein Vulkanausbruch,

eine Überschwemmung, die Sintflut, irgendeine Katastrophe. Einer
schrieb: Eine fremde Nation überrollt uns.
Diesen Jungen forderte der Lehrer auf, nun irgendetwas zu unternehmen. Die Klasse ist das Volk, er weiß, daß alle von der Katastrophe betroffen sein werden. Erste Reaktion des sonst gar nicht
schüchternen Jungen: „Kann das nicht ein anderer machen?" Das
wurde abgelehnt. Daraufhin stellte sich der Junge an einen „öffent-
lichen Platz" und fing an, die „Leute" zu warnen. Die Klasse spielte mit: Sie nahm ihn nicht ernst, verlachte ihn, schimpfte ihn. Daraufhin ging der Junge zum „Gouverneur". Dasselbe Ergebnis. Er
gab es auf. — Wesentliche Erfahrungen des Propheten hatten sich
abgespielt: Die Vision, der Auftrag, die Weigerung, der Versuch,
das Volk zu warnen, die Ablehnung, die Resignation. Die Klasse las
anschließend voller Spannung den biblischen Text.

Philemon. Willi Erl und Fritz Gaiser bringen in „Neue Methoden **28**
der Bibelarbeit" ein Entscheidungsspiel zum Philemonbrief (S. 30ff).
Philemon sitzt mit Appia, Archippus und zwei weiteren Gemeindegliedern in seinem Haus, als der Brief des Paulus — in einer modernen Übertragung — eintrifft. Die Hausgemeinde muß sich damit
auseinandersetzen.

(2) Kleine Entscheidungsspiele zu anderen Themen

Bei E.J. Lutz finden sich viele kurze Entscheidungsspiele. Hier zwei
Beispiele (S. 62):

„Sei doch kein Feigling! A sitzt an einem Sommertag zu Hause **29**
und liest ein spannendes Buch. Da pfeift der Freund unten auf der
Straße. A bittet ihn herauf. Der Freund lädt A ein, mit zum Baden
zu gehen. A lehnt ab, weil seine Mutter, die im Verlauf des Spät-
nachmittags heimkommt, keinen Schlüssel bei sich hat und mit seiner Anwesenheit rechnet. Der Freund verlacht A als Muttersöhn-
chen und Feigling. — Selbständiges Weiterspielen."

„Sollen wir ihr die Wahrheit sagen? Die Freundinnen A und B un- **30**
terhalten sich über das neue Kleid einer Mitschülerin. Sie finden es
beide altmodisch und wenig schön. Zufällig treffen sie die Klassen-
kameradin, die das neue Kleid trägt. Sie fragt um deren Meinung.
Entscheidung!"

Ich will Christ werden. Dieses Spiel wurde im Konfirmandenunter- **31**
richt gespielt mit dem Zweck, die Besprechung der Taufe zu wieder-
holen und zu vertiefen. Über die Taufe war in der letzten Stunde

gesprochen worden. – Der Pfarrer erklärt der Gruppe lediglich, er sei jetzt nicht Pfarrer X, sondern irgendein anderer unbekannter Mann. Dann betritt er das Zimmer: „Bin ich hier richtig? Ich möchte nämlich ein Christ werden." Den Vorschlag, sich ans Pfarramt zu wenden, lehnt er ab mit der Bemerkung, er wolle sich nicht gleich offiziell an irgendein Amt wenden, sondern sich erst einmal ganz unverbindlich erkundigen. Im weiteren Verlauf spielt er einen „Heiden", der weder von der Taufe noch vom christlichen Glauben eine Ahnung hat, stellt unbeholfene Fragen und läßt nicht locker, bis er genau verstanden hat, was die Konfirmanden antworten. Die Gruppe muß sich Mühe geben, ihre oft recht vagen Vorstellungen zu präzisieren und scheinbar Selbstverständliches zu begründen.

(3) Große Entscheidungsspiele (mit schriftlichen Rolleninformationen)

32 **Haushaltsplan.** Eine Konfirmandengruppe spielte den Kirchenvorstand der Gemeinde. Eine Liste von Projekten der Gemeindearbeit liegt schriftlich vor. Bei jedem Projekt sind die voraussichtlichen Kosten angegeben. Die Höchstgrenze der verfügbaren Haushaltsmittel ist allen bekannt. Es kann also nur ein Teil der Projekte finanziert werden. Der Kirchenvorstand muß sich für die wichtigsten Projekte entscheiden.

Zur Verfügung stehen	100 000 DM
Folgende Projekte sollen verwirklicht werden:	
1. Der schon lange gewünschte Kindergarten soll endlich begonnen werden. Kosten des ersten Bauabschnitts:	20 000 DM
2. Die Kirche muß ein neues Gestühl bekommen, da alte Leute sonst nicht mehr in den Gottesdienst kommen:	10 000 DM
3. Die Wohnung des 1. Pfarrers muß gründlich renoviert werden, da es schon hineinregnet:	20 000 DM
4. Oder: Die Wohnung des 1. Pfarrers wird nur vorläufig renoviert, was aber in den nächsten Jahren höhere Kosten verursachen wird:	5 000 DM
5. Für die blühende Jugendarbeit soll ein hauptamtlicher Jugendleiter angestellt werden, weil der Vikar weggeht:	20 000 DM
6. Die Nachbargemeinde hat noch gar keinen eigenen Raum. Sie baut eine Kirche. Dabei soll die Gemeinde Hilfe leisten:	20 000 DM

7. Ein Student aus einem Entwicklungsland hat um
ein Stipendium gebeten, um studieren zu können: 5 000 DM

8. Der 2. Pfarrer möchte schon lange zu einem
Studienurlaub in die USA zur Ausbildung als Kran-
kenhauspfarrer: 10 000 DM

9. Für die Jugendarbeit müssen Inventar, Bücher
und Freizeiten finanziert werden: 5 000 DM

10. Ein Sozialdienst für Kranken- und Altenpflege
soll eingerichtet werden: 10 000 DM

11. Die Patengemeinde in der DDR soll weiter
unterstützt werden: 5 000 DM

12. Die Orgel quietscht jämmerlich.
Renovierungskosten: 20 000 DM

13. Der bestehende Gemeindesaal soll zu einem
„offenen Haus für alle" umgebaut werden (Ver-
anstaltungen aller Art, Freizeitmöglichkeiten für
junge Leute von der Straße): 20 000 DM

Die Entscheidung wird in drei Arbeitsgängen getroffen:

1. Jeder Kirchenvorsteher entscheidet für sich, welche Projekte
er für die wichtigsten hält (ankreuzen!).

2. Die Kirchenvorsteher beraten in kleinen Untergruppen.

3. Im Plenum wird die endgültige Entscheidung getroffen.

Die Diskussion bei dieser „Kirchenvorstandssitzung" wurde so hit-
zig und die Notwendigkeit, wichtige Dinge auszuschließen, wurde
so unerträglich, daß schließlich ein Konfirmand rief: Ich spende
1000 DM, damit wir's endlich hinkriegen!

Weitere Beispiele finden sich im letzten Teil:

Die Sündenbockspiele (S. 63), **75-79**
das Schlüsselspiel (S. 72) und
Betriebsklima (S. 81).

(4) Gruppenentscheidungsspiele

Viele Konflikte entstehen nicht zwischen Einzelpersonen, sondern
zwischen Gruppen. Sie lassen sich deshalb auch in der Auseinandersetzung zwischen verschiedenen Gruppen durchspielen. Als Hilfsmittel verwendet man dabei die Regel, daß der Kontakt von Gruppe zu Gruppe nur schriftlich geschieht (s. nächster Abschnitt: Briefspiele). Ulrich Baer, Hubert Volk, Gottfried Weber und Jörg Ruhloff

30 haben solche groß angelegten Spiele veröffentlicht (s. Literatur
S. 100). Bei ihnen findet man auch ausführliche Beobachtungsan-
leitungen und Auswertungstabellen, die für eine gründliche Nach-
arbeit mit Erwachsenen angewandt werden können.

In unserem letzten Teil werden zwei Gruppenentscheidungsspiele
zum Thema Konfirmation mitgeteilt:

73·74 **Kritische Konfirmanden** (S. 54) und
Wer wird konfirmiert? (S. 58)

Eine Methode, die eigentlich nicht mehr dem Spiel zuzuordnen ist,
möchte ich hier anfügen, weil sie mit dem Entscheidungsspiel ver-
wandt ist:

33 **Die Diskussion nach dem ersten Akt.** Viele Dramen oder Filme,
angefangen bei Sophokles' ,,Antigone'' bis zu Dürrenmatts ,,Besuch
der alten Dame'' oder dem Film ,,Die zwölf Geschworenen'' sind
im Grunde ausgeführte Entscheidungsspiele. Der erste Akt oder
auch nur die ersten Szenen entsprechen der Rolleninformation, in
der die Vorgeschichte skizziert wird und der Konflikt aufbricht
(Besuch der alten Dame: Die Stadt ist pleite, die alte Dame kann
sie sanieren, sie stellt die Bedingung: Jemand muß III töten. Die
zwölf Geschworenen: Die Verhandlung ist abgeschlossen, die Geschworenen sind von der Schuld des Angeklagten überzeugt – da
stimmt einer für unschuldig). Das ganze restliche Stück folgt konsequent aus dieser Exposition, stellt ein Entscheidungsspiel dar und
endet, wenn die Entscheidung gefallen ist (III wird getötet. Der An-
geklagte wird freigesprochen).
Diskussion nach dem ersten Akt bedeutet: Wir lesen das Stück, sehen den Film bis zu dieser Stelle, an der der Konflikt aufgebrochen
ist. Dann brechen wir ab und diskutieren, fantasieren die Handlung
weiter, entdecken zwangsläufige Kettenreaktionen, vielleicht auch
sehr verschiedenartige Lösungsmöglichkeiten – und sind umso mehr
gespannt, wie das Stück nun wirklich zuende geht. Vielleicht kommt
uns dann manches schwach vor, was uns sonst fasziniert hätte, oder
umgekehrt. Jedenfalls werden wir das Stück mit anderen Augen zuende sehen. Wir sind Partner des Verfassers geworden.

f) Briefspiele

Briefspiele sind eigentlich Rollenspiele verschiedener Art, nur daß
die Spieler nicht miteinander reden, sondern einander schreiben

oder auch an einen fingierten Adressaten schreiben. Bei großen
Gruppenentscheidungsspielen hat der nur briefliche Kontakt der
Gruppen die Funktion, das Spiel zu strukturieren: Die Mitglieder
einer Spielgruppe konzentrieren sich so auf die Diskussion ihrer
speziellen Probleme, erleben eingehende Briefe als Anstoß für diese Diskussion und sind gezwungen, die Ergebnisse zu formulieren.
Ohne die Spielregel der schriftlichen Kontaktaufnahme würden
alle die Übersicht verlieren. Außerdem geben die Briefe für die
Nachbesprechung den Ablauf des Spiels wieder.
Ähnlich können Briefe in Klassen, die sich beim spontanen Spielen
schwer tun, eine Hilfe sein. Mancher kann sich brieflich prägnanter
ausdrücken als mündlich. Produktion und Darbietung sind zeitlich
getrennt, so daß die Hemmungen vor den Zuschauern wegfallen
und trotzdem die Vorfreude bleibt: Alle Briefe werden vorgelesen.

Konfessionsverschiedene Ehe. In einer 8. Klasse, die sich beim **34**
freien Spielen schwer tat, wurde die Auseinandersetzung um ein
konfessionsverschiedenes Paar brieflich ausgetragen: Ein evangeli-
scher junger Mann will ein katholisches Mädchen heiraten. Jeder
Schüler bekommt eine Rolle: Die beiden Verlobten, ihre Eltern,
Tanten, Onkel, Geschwister, Freunde und je ein Pfarrer der beiden
Konfessionen. Jeder darf jedem schreiben. Am Schluß werden alle
Briefe vorgelesen. Damit die Reihenfolge festgehalten wird, gehen
alle Briefe über den Spielleiter, der sie numeriert.

Ich bekomme ein Kind. Zum Thema Abtreibung wird allen Jun- **35**
gen der fingierte Brief eines Mädchens ausgehändigt:

„Lieber ...., ich habe eine schlimme Nachricht für uns beide. Ich
erwarte ein Kind von dir. Was soll ich machen? Ich habe solche Angst.
Meine Eltern werfen mich raus, wenn sie es erfahren. Am liebsten würde
ich es wegmachen lassen. Kannst du mir helfen? Ich weiß nicht mehr
aus und ein. Bitte schreib mir bald! In Liebe Deine Monika."

Die Jungen spielen Monikas Freund und beantworten den Brief.
Die Briefe werden — anonym! — vorgelesen. Die Mädchen der Klasse beurteilen die Antwortbriefe.
Man könnte die Mädchen auch von Anfang an mitspielen lassen:
Die Situation wird bekanntgegeben, und jedes Mädchen schreibt
zunächst einen Brief an den Freund. Die Jungen beantworten je
einen dieser Briefe.

36 **Brief an Thomas.** Die Geschichte vom „ungläubigen" Thomas (Joh. 20, 24-29) wird erzählt. Dann werden die Schüler aufgefordert, an Thomas einen Brief zu schreiben und ihre Meinung zu seiner Haltung mitzuteilen. Ergebnis in einer 4. Klasse: 90 % wüste Beschimpfungen und grenzenlose Verachtung. Nur einige wenige zeigten Verständnis für seine skeptische Haltung. — In der nächsten Stunde bringt der Lehrer den Antwortbrief des Thomas mit, in dem Thomas auf die Anklagen eingeht und sich für die verständnisvollen Briefe bedankt.

2. Experimente

Wie man in der Physik Naturgesetze durch Experimente erforscht, so gibt es auch menschliche Verhaltensabläufe, die so allgemein sind, daß man sie experimentell nachbilden kann. Man kann dabei entweder das Ergebnis vorher feststellen und dann nachprüfen, ob es stimmt, oder das Experiment ohne Zweckangabe durchführen und davon den Verhaltensablauf ableiten. Der Reiz der Entdeckerfreude und die Spannung, was herauskommen wird, führen zu intensiverer Erkenntnis.

Manche Experimente sind der Form nach Entscheidungsspiele oder andere Rollenspiele. Sie unterscheiden sich aber in ihrer Intention dadurch von ihnen, daß nicht die Handlung inhaltlich zur Debatte steht, sondern das Verhaltensgesetz, das durch die Handlung zum Ausdruck kommt. Manche Experimente sind deshalb so angelegt, daß sie inhaltlich zu einem Ergebnis führen, das gar nicht wünschenswert ist. Die Gruppe soll darüber nachdenklich werden und die Frage stellen: Wie konnte es dazu kommen? Wenn man den Verhaltensmechanismus entdeckt hat, kann man auch versuchen, ihn zu durchbrechen oder bewußter mit ihm umzugehen. Solche „negativen" Experimente sollte man aber nur mit Gruppen durchführen, die bereit sind, hinterher darüber zu reflektieren. Vgl. dazu im letzten Teil die Spiele

77·79 **Belagerte Stadt** (S. 67) und **Betriebsklima** (S. 81).

37 **Dritte Welt.** Bevor die Gruppe kommt, werden Tische gedeckt, evtl. in zwei Räumen: Ein Drittel der Plätze mit leckeren Speisen, zwei Drittel mit trockenem Brot oder etwas Reis. Die Gruppe wird willkürlich ohne Begründung auf die Plätze verteilt. Was passiert? — Bei einer Jungscharfreizeit kam es zu einer wüsten Rauferei. Ver-

stärkend wirkte, daß die Burschen hungrig von einer Wanderung   *33*
heimkamen. In einer Konfirmandengruppe saßen die Bevorzugten
zunächst hilflos vor ihren Tellern und rührten nichts an. Schließlich setzten sich die anderen zu ihnen, nachdem sie ihren Reis auf-
gegessen hatten, und alles wurde gemeinsam verzehrt. Das Verhalten der Jungscharler zeigte natürlich eindrücklicher die Situation
der Welt mit ihrer ungleichen Verteilung des Reichtums. Aber auch
den Konfirmanden war die Lage deutlich geworden, wie die folgende Diskussion zeigte.

Überlieferungskette. Für die Bibelkunde soll deutlich werden, wie   **38**
sich Geschichten durch Weitererzählen verändern. Einige Schüler
verlassen das Zimmer. Der Lehrer erzählt eine beliebige Geschichte,
nicht zu kurz und mit vielen Einzelheiten. Einer der Zuhörer ruft
einen von draußen herein und erzählt ihm die Geschichte weiter.
Der erzählt sie dem nächsten usw. Die Endform wird mit der Ur-
form verglichen. Charakteristische Veränderungen (zB. Zahlen, Namen, Zeiten) werden entdeckt.

Wer sagt es wem? Bei der biblischen Überlieferungskritik spielt ja   **39**
nicht nur ungenaues Weitererzählen eine Rolle, sondern vor allem
die Tendenz des Erzählers und die Eigenart der Gemeinde, für die
er schreibt, also die Frage: Wer sagt es wem? Diese Einsicht kann
durch folgendes Experiment vermittelt werden: Einige aus der Klasse spielen zunächst einen Verkehrsunfall: Zwei Autos stoßen zusammen, Blechschaden, in einem Auto ein Ehepaar, im andern ein
junger Mann. Die beiden Männer beschimpfen sich, der Ehemann
verklagt schließlich den anderen wegen Beleidigung. So etwa die
Anweisung, die Spieler können die Szene ausfüllen, wie sie wollen.
Diese kurze Spielszene bildet die Geschichte, die nun von verschiedenen Personen an verschiedene Personen weitererzählt wird: Die
beiden Männer berichten — getrennt — der Polizei. Die Frau berichtet ihren Kindern. Ihr Sohn erzählt es seinen Klassenkameraden.
Der Anwalt des Beleidigten schildert die Szene vor Gericht. Ein
Zeitungsreporter schreibt einen Artikel darüber. Jeder dieser Be-
richte wird anders aussehen. Warum?

Ein Gerücht geht um. Zum 8. Gebot wird besprochen, wie gefähr-   **40**
lich böse Gerüchte werden können und wie leicht sie geglaubt und
mit Vermutungen „bereichert" weitergetragen werden. Die Klasse
verfolgt nun im Experiment die Entstehung eines Gerüchts. Einer
setzt eine Vermutung in Umlauf, der nächste nimmt die Vermutung als bare Münze und setzt eine weitere Vermutung dazu usw.

34 Am Schluß erinnert sich die Klasse an den Ausgangspunkt und macht sich klar, daß an dem ganzen Klatsch kein Wort wahr ist.

41 **Flüsterkette.** Ebenfalls als Experiment zum Thema Gerüchte kann ein altbekanntes Gesellschaftsspiel dienen: Einer flüstert seinem Nachbarn ein Wort ins Ohr, der flüstert weiter, was er verstanden hat, bis zum letzten. Das erste Wort wird mit dem letzten verglichen. — Ich hätte dieses Spiel für das Thema Gerüchte nicht für schlagkräftig gehalten, wenn ich es nicht in einer 9. Hauptschulklasse erlebt hätte. Da hatte sich herausgestellt, daß die Klatscherei unter den Schülern ein ernsthaftes Problem darstellte, durch das einige schwer belastet waren. Im Verlauf des Gesprächs schlug einer zur Demonstration der Untragbarkeit solcher Gerüchte die Flüsterkette vor. Er flüsterte seinem Nachbarn „Industrialisierung" ins Ohr. Als das Wort die Runde gemacht hatte, kam heraus: „Ich muß mich rasieren." Alle lachten, und das wirkte nach dem ernsten Gespräch befreiend. Aber gleichzeitig empfanden sie dieses Spiel als endgültigen Beweis, daß man sich nun wirklich keine Gerüchte mehr leisten konnte.

42 **Ein Fremder.** Ausgangspunkt für dieses Spiel war die Erfahrung, daß viele Konfirmanden die Bibel als ein völlig fremdes Buch empfanden. Dazu kam die Erinnerung an ein Wort von Adolf Sommerauer, man müsse mit der Bibel wie mit einem lebendigen Menschen umgehen. — Die Konfirmanden bildeten eine Innengruppe von Spielern und eine Außengruppe von Beobachtern. Der Pfarrer erklärte, er sei nun ein Fremder, niemandem bekannt, und die Innengruppe solle versuchen, mit dem Fremden Kontakt aufzunehmen. Die Außengruppe erhielt für die Beobachtung drei Leitfragen: 1. Wie geht die Gruppe mit dem Fremden um? 2. Was würde ich anders machen? 3. Welche Schwierigkeiten treten auf?
Der Pfarrer verhielt sich nun so, wie sich etwa der Apostel Paulus verhalten hätte, wäre er plötzlich in diese Gesellschaft geraten. Zunächst verstand er niemanden und redete griechisch. Nachdem niemand darauf kam, einen (Spiel-) Dolmetscher zu engagieren, wurde nach einiger Zeit vereinbart, das Sprachproblem als gelöst anzusehen und sich deutsch zu verständigen. Aber da der Fremde von seinen zeitgeschichtlichen Voraussetzungen her redete, gab es immer noch genügend Schwierigkeiten und Mißverständnisse. Einige Konfirmanden machten sich über ihn lustig, was ihnen nachher von den Beobachtern schwer angekreidet wurde. Bei der Nachbesprechung wurden Möglichkeiten gesammelt, wie man mit einem Fremden bekannt werden könnte: Man muß seine Sprache ver-

stehen oder sich übersetzen lassen, seine Umwelt kennenlernen,
vielleicht durch Bücher, die davon berichten, man muß lange mit
ihm zusammen leben. Weiter wurde gefragt: Was hat auch ein ganz
fremder Mensch mit uns gemeinsam und was müssen wir umsetzen
in unsere Welt? Es war nicht mehr schwer, die Ergebnisse dieses
Gesprächs auf die Bibel anzuwenden, die ja von solch fremden Menschen geschrieben wurde.

Drei Experimente aus der Arbeit mit Erwachsenen füge ich hinzu,
weil ich sie so ausgezeichnet finde. Vielleicht lassen sie sich in modi-
fizierter Form auch mit Jugendlichen praktizieren. Das Ziel aller
drei Beispiele ist, die Diskrepanz zwischen objektiver Wirklichkeit
und subjektiver Wahrnehmung aufzuzeigen.

Geruch. Der folgende Versuch stammt von H. Clark (beschrieben **43**
von P.R. Hofstätter). Clark öffnete vor den Augen seiner Studen-
ten ein Fläschchen und forderte sie auf, sich zu melden, sobald sie
den Geruch der Flüssigkeit wahrnehmen würden. Das Fläschchen
enthielt eine geruchlose Flüssigkeit. Trotzdem meldeten sich nach
kurzer Zeit 20 % der Anwesenden, und zwar in derselben Reihenfolge und Verteilung, wie sie bei einem wirklich ausströmenden
Geruch wahrscheinlich gewesen wäre. Ein verblüffender Beweis für
die „Suggestibilität" einer Gruppe!

Beobachtung von Personen. G. Weber ließ bei der Ausbildung von **44**
Sozialarbeitern je zwei Teilnehmer dieselbe Person oder Personen-
gruppe beobachten. Die genaue Beschreibung und die persönlichen
Eindrücke wurden schriftlich fixiert. Die frappierenden Unterschiede in der Beurteilung derselben Person machte den Beteiligten bewußt, wie vorsichtig man mit seinem „Eindruck" von anderen Menschen umgehen muß.

Predigtkritik. Aus einem Predigerseminar wurde mir folgendes Ex- **45**
periment mitgeteilt: Vier Arbeitsgruppen von Theologen bekamen
die Aufgabe, je eine Predigt zu beurteilen. Als Autor wurde jeder
Gruppe ein anderer Theologe genannt. Die Beurteilungen fielen
sehr verschieden aus: von geringschätziger Ablehnung bis zu bewun-
dernder Zustimmung, je nachdem, was für einen Namen der genannte Autor hatte. Hinterher erfuhren die Gruppen, daß sie alle den-
selben Text bekommen hatten.

Grundsätzlich kann jedes Spiel auch gruppendynamisch zur Selbsterfahrung ausgewertet werden. Bei den speziell gruppendynamischen Spielen ist das *einzige* Ziel die Selbsterfahrung. Der Spielinhalt wird deshalb so gewählt, daß er als solcher keine Beziehung zu den Problemen der Spieler hat. Er kann zB. banal oder abstrakt sein. Im Blickpunkt stehen die Verhaltensweisen, die die Spieler anhand des spielerischen Problems entwickeln. Diese Verhaltensweisen werden anschließend zusammen mit den Beobachtern besprochen.

Gruppendynamische Spiele eignen sich im Unterricht nur für ältere Schüler, die es schaffen, vom Spielinhalt abzusehen und ihr eigenes Verhalten zu reflektieren. Bei Klassen, die das nicht können, kann allenfalls der beobachtende Lehrer seine Schlüsse ziehen. Dafür eignen sich aber auch andere Spiele, bei denen die Kinder inhaltlich einen Zusammenhang mit dem Unterricht sehen können.

Ich beschränke mich hier auf wenige Beispiele, die sich in der Jugendarbeit bewährt haben. Im übrigen verweise ich auf die gruppendynamische Literatur. ZB. Tobias Brocher beschreibt in ,,Gruppendynamik und Erwachsenenbildung" mehrere Spiele und Übungen, die auch mit Jugendlichen durchführbar sind.

46   **Das Städtebauspiel** dient der Reflexion des Verhaltens in einem kleinen Arbeitsteam. Vier Spieler erhalten einen Haufen Bauklötze und einen großen Bogen Papier, auf dem der Grundriß einer Landschaft aufgezeichnet ist: Ein Fluß, Berge, Wälder, evtl. ein See. Mit den Bauklötzen sollen sie in einer bestimmten Zeit eine Stadt bauen. Dabei gilt jedes Haus, das auf den Plan gesetzt ist, als gebaut. Veränderung bedeutet kostspieliges Abreißen und Neuaufbau. Man kann den vier Spielern von vornherein verschiedene Kompetenzen zuschreiben: Gesundheitswesen, Verkehr, Kultur, Familienfragen o.ä. Man kann sie auch frei arbeiten lassen und abwarten, wie sie die Aufgaben verteilen.

Die Beobachter achten auf die Art der Zusammenarbeit. Wenn die vereinbarte Zeit abgelaufen ist, wird die Stadt begutachtet. Die Beobachter teilen mit, durch welche Art von Kooperation sie so geworden ist. Manchmal spiegelt ein unorganisches Stadtbild die Unfähigkeit der Erbauer, ihre verschiedenen Vorstellungen in den Gesamtplan zu integrieren. Oder die Stadt wirkt wie aus einem Guß, aber sie ist das Werk eines Alleingängers, der die anderen in die Statistenrolle drängt. Oder es sind keine Krankenhäuser vorhanden, weil der Referent für Gesundheitswesen sich nicht durchsetzen konnte. *37*

Das Turmbauspiel variiert das Thema Kooperation. Hier arbeiten **47** zwei verschieden strukturierte Teams. Jede Gruppe erhält einen Haufen Pappe, Scheren und Leim. Damit soll ein Turm gebaut werden. Die Größe der auszuschneidenden Bauteile ist begrenzt (zB. höchstens 50 cm Länge). Die eine Gruppe kann sich die Arbeit einteilen, wie sie will. Die andere Gruppe ist hierarchisch aufgebaut. Sie muß zunächst durch Wahl folgende Rollen festlegen: Bauherr, Architekt, Baumeister, Zeichner, Zuschneider, Kleber. Die Rollen kann man je nach Anzahl der Teilnehmer variieren, wichtig sind jedoch die unveränderlichen Kompetenzen: Der Bauherr spricht nur mit dem Architekten und äußert seine Wünsche. Der Architekt teilt seine Pläne dem Baumeister mit. Der Baumeister (und nur er!) gibt den Arbeitern die Anweisungen und beaufsichtigt den Bau. Ebenso dürfen Zeichner, Zuschneider und Kleber nur ihre spezielle Arbeit tun.
Jede Gruppe wird während der Arbeit beobachtet. Wenn die festgesetzte Zeit abgelaufen ist, beurteilt zunächst eine Jury die beiden Türme nach Höhe, Schönheit und Standfestigkeit. Dann wird das Arbeitsklima in den beiden Gruppen verglichen und zu den Ergebnissen in Beziehung gesetzt. Man kann die Türme natürlich auch aus anderem Material bauen. Eine Gruppe von Jugendleitern führte das Turmbauspiel im Freien mit Flußkieseln durch.

Das NASA-Spiel wurde für das Training von Astronauten entwickelt, **80** dient aber gerade für Gruppen, die mit der Raumfahrt nichts zu tun haben, als vorzügliches Mittel der Selbsterfahrung. Trainiert und beobachtet wird, wie ein Gruppenkonsens zustande kommt. Außerdem wird die Arbeit im Alleingang, in der Gruppe und im Repräsentantenteam verglichen. Ausführliche Beschreibung im letzten Teil S. 87.

Im Übrigen möchte ich zu den gruppendynamischen Spielen im weiteren Sinne alle altbekannten Jugendspiele rechnen, die seit jeher in den Jugendgruppen gespielt werden, vom Fußball bis zum Geländespiel und vom Staffellauf bis zum Pfänderspiel. Da wird das Verhalten zwar nicht eingehend reflektiert, aber es wird auf vielfache Weise Gruppenverhalten trainiert, und gelegentlich werden auch kräftige Feedbacks ausgeteilt, wenn nämlich einer „unfair" gespielt hat. Man sollte solche Spiele auf keinen Fall als Nebensache abtun, der die „eigentliche" Arbeit als Hauptsache gegenübersteht. Wenn etwa Konfirmanden auf einer Freizeit spüren, daß der Pfarrer ihnen die Spiele als „Zugeständnis" läßt, damit sie hernach besser arbeiten, dann werden sie auch dem Pfarrer die Arbeit als „Zugeständnis" lassen, damit sie hernach wieder spielen können.

Man kann viele Spiele gezielt zur Bewältigung von Gruppenproblemen einsetzen:

48 **Kampfspiele** wie Fußball oder Handball helfen einer wilden Gruppe zum fairen, dh. gruppengerechten Umgang mit ihren Aggressionen. Man tobt sich ja dabei nicht nur aus, sondern man setzt die Aggressionen nach bestimmten Regeln so ein, daß die Gemeinschaft nicht gefährdet wird.

49 **Staffetten** tragen zu der Erfahrung bei, daß die Gruppe jeden einzelnen braucht, besonders wenn eine Serie von Staffetten ausgefochten wird, bei der die verschiedensten Fähigkeiten gefordert sind, zB. 1. normaler Staffellauf (Schnelligkeit), 2. Münze von Handrücken zu Handrücken weitergeben (Geschicklichkeit), 3. auf einem Zettel eine Kette von zusammengesetzten Hauptwörtern bilden: Haustür - Türschloß - Schloßpark - Parkplatz usw. (Intelligenz), 4. Zwieback aufessen; der zweite beginnt, wenn der erste gepfiffen hat (Eßgeschwindigkeit) usw.

50 **Blinzeln,** das altbewährte Spiel, hilft Jugendlichen, die mit ihren erotischen Gefühlen noch nicht recht umzugehen verstehen: Die Mädchen sitzen im Kreis auf Stühlen, ein Stuhl bleibt leer. Hinter jedem Stuhl steht ein Junge, die Hände auf dem Rücken. Der Junge hinter dem leeren Stuhl blinzelt nun einem Mädchen zu. Dieses versucht aufzuspringen und sich auf den leeren Stuhl zu setzen. Wenn ein Junge seine Partnerin noch rechtzeitig erwischt und am Weglaufen hindert, bleibt sie bei ihm sitzen. Natürlich kann auch gewechselt werden, so daß die Mädchen den Jungen zublinzeln.

Hier können die Jungen ihr Mädchen einmal kräftig festhalten, wenn es ihnen ein anderer weglocken will, und sie können den reizvollen Blickkontakt, dem sie sonst vielleicht ausweichen, in aller Form erleben und genießen. Manche Spannung innerhalb einer Gruppe, die durch die Unbeholfenheit im Umgang zwischen Jungen und Mädchen entsteht, kann durch dieses Spiel bearbeitet werden.

51 **Mühle mit lebendigen Steinen** ist ein Gesellschaftsspiel, das hervorragend geeignet ist, konzentrierte Zusammenarbeit kleiner Gruppen einzuüben. Das Spielfeld besteht aus drei mal drei Stühlen in quadratischer Anordnung:

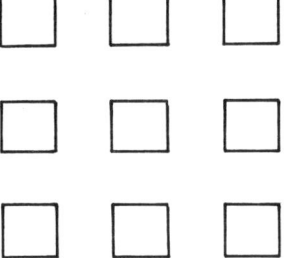

Zwei Parteien (A und B) mit je drei Spielern (1, 2, 3) versuchen, eine Mühle zu bilden. Eine Mühle entsteht, wenn die drei Spieler einer Partei waagrecht, senkrecht oder diagonal eine Gerade bilden. Zunächst sind alle Stühle frei, und die Spieler setzen sich in der Reihenfolge A1, B1, A2, B2, A3, B3. Dann wechselt jeder Spieler in derselben Reihenfolge seinen Platz. Die Reihenfolge darf nicht verändert werden, und wer am Zug ist, muß seinen Platz wechseln. Jeder Spieler muß seinen Zug selbständig entscheiden. Die anderen dürfen ihm nicht durch Worte oder Zeichen Ratschläge geben. Die Partei, die als erste eine Mühle bildet, hat gewonnen.

Es ist nicht nötig, noch mehr Beispiele aufzuzählen, da sich in den einschlägigen Spielbüchern, Spielkarteien und Jugendzeitschriften genügend gute Spiele finden. Meist lassen sie schnell erkennen, was sie für den Gruppenprozeß austragen, ob sie zur Auflockerung dienen können oder zum Kennenlernen oder zur Förderung des Kontakts oder zum Training irgendeiner anderen Gruppenfunktion.

4. Gestaltende Spiele

Es kann hier nicht darum gehen, alle Möglichkeiten des Gestaltens wie Malen, Modellieren, Werken, Filmen und Musizieren darzustellen. Es soll nur darauf hingewiesen werden, wie man mit gestaltenden Mitteln in Lerngruppen spielen kann. G. Weber schildert Beispiele dieser Art in „Lernen in Gruppen". Das Arbeitsthema wird bekanntgegeben oder durch sinnenfällige Signale (Bild, Tonband) angerissen, und die Gruppe gestaltet ihre Einfälle mit Farben, Formen, Collagen, Szenen, Pantomimen, Texten. Erfahrungen, Eindrücke, Assoziationen werden dadurch sichtbar, Ergebnisse können besprochen werden.

Drei Vorzüge hat diese Arbeitsmethode:

40 (1) Durch das Gestalten kann vieles ausgedrückt werden, was sich für viele Jugendliche schwer in Worte fassen läßt. Über das fertige Ergebnis kann man reden, und dabei wird manches deutlich, was bei einer Diskussion allein verborgen geblieben wäre.

(2) Die Konzentration richtet sich auf formale Probleme: *Wie gestalte ich das Thema?* Dadurch können inhaltliche Probleme verarbeitet werden, die beim direkten Angehen durch Hemmungen verstellt sind.

(3) Beim Gestalten wird das „Religionsstunden-Ich" überwunden. Man sucht nicht mehr nach „richtigen" Antworten, die möglichst der Meinung des Lehrers entsprechen, sondern man bringt seine eigenen Erfahrungen zum Ausdruck.

52 **Berufswelt.** G. Weber berichtet über die Arbeit mit einer Abschlußklasse der Hauptschule. Ziel war die Vorbereitung auf das Berufsleben und die Einführung in die Arbeitswelt.

Zunächst wurde die Gruppe zwei Minuten lang starkem Motorenlärm ausgesetzt. Das wurde mehrmals wiederholt, und jedesmal bekamen die Jugendlichen einen neuen Gestaltungsauftrag: Farben, Formen, eine Szene, eine Pantomime finden zu dem, was ihnen bei dem Motorenlärm hochkam. Bei der Besprechung der Ergebnisse tauchte die Frage auf: Was ist wichtiger, die Menschen oder die Maschinen? Diese Frage konnte im Gespräch und in weiteren Gestaltungen bearbeitet werden. („Lernen in Gruppen" S. 23 ff.)

53 **Bibelarbeit als Gruppenwettbewerb.** Auf Konfirmandenfreizeiten wird folgende Art der Bibelarbeit mit großem Erfolg praktiziert: Der Spielleiter verteilt die (abgezogenen) Texte einer biblischen Geschichte nach einer modernen Übersetzung oder besser: eine Art Synopse verschiedener Übersetzungen. Er sagt zu den Texten nur so viel, daß es keine groben Mißverständnisse gibt.

Er gibt die Arbeitsgruppen — gut gemischt — bekannt und gibt jeder Gruppe eine spezielle Aufgabe:

Gruppe A — „Ihr seid ja alle große Künstler!" — darf auf unbedrucktem riesigem Zeitungspapier mit Plakafarben malen, was ihr zu der Geschichte einfällt.

Gruppe B — „Ihr habt alle ein juristisches Naturtalent!" — bereitet eine „Pro-und-Contra"-Verhandlung vor.

Gruppe C — „Wir haben eine Reihe guter Tiefenpsychologen unter uns" — bildet ein „Seelenröntgenteam" und erstellen mittels eines gedachten Röntgengerätes eine Diagnose der in der Geschichte handelnden Gestalten.

Gruppe D — „Wir haben ein paar hervorragende Schauspieler unter uns!" — bereitet einen Sketch vor, der die Handlung ins Jahr 1972 verlegt.

Gruppe E — „geborene Journalisten" — macht aus der Geschichte eine Zeitungsreportage oder verfaßt eine protestierende Leserzuschrift.

Gruppe F — „Unter uns sind Tontechniker, Rundfunksprecher, Reporter" — fertigt über die Geschichte eine Tonbandreportage oder ein Tonbandinterview.

Nach etwa eineinhalb Stunden kommt alles wieder zusammen und legt die Ergebnisse vor. Daraus ergibt sich eine zwanglose Diskussion, die Problematik der Geschichte liegt offen vor und schreit geradezu nach einer Lösung, die man dann gemeinsam erarbeiten kann.

Weitere Anregungen zum gestaltenden Umgang mit Bibeltexten bringen W. Erl und F. Gaiser in „Neue Methoden der Bibelarbeit".

Der ideale Pfarrer. Als Pfarrer weiß man, wie hinderlich für einen ungezwungenen Umgang mit Gemeindegliedern die Klischeevorstellungen und autoritären Rollenerwartungen sein können, die von manchen Gruppen auf den Pfarrer projiziert werden. Die Folge ist, daß zB. viele Konfirmanden nicht so reden, wie sie denken und empfinden, sondern wie man „beim Pfarrer" ihrer Meinung nach denken und empfinden muß. Da eine fruchtbare Arbeit so nicht möglich ist, versuchte der Pfarrer gleich bei der ersten Konfirmandenfreizeit das Problem mit einem gestaltenden Spiel anzugehen. Fünf Gruppen bekamen schriftlich je eine der folgenden Aufgaben:

54

---

1. Ein paar ältere Leute aus der Gemeinde wollen gern eine größere Einladung machen. Vor allem wollen sie den Pfarrer einladen. Ihr sollt diese Leute spielen, wie sie sich über die Einladung besprechen und planen: Wen laden wir außer dem Pfarrer noch ein? Wen kann man auf keinen Fall dazu einladen? Was soll es zu essen und zu trinken geben? Wie soll das Fest überhaupt gestaltet werden?
Überlegt euch diese Fragen genau und spielt den andern die Besprechung vor!

---

2. Ihr sollt ein Schulzeugnis für einen Pfarrer herstellen. Ihr könnt euch dabei so viele Fächer ausdenken, wie ihr wollt, natürlich keine Schulfächer wie Lesen und Schreiben, sondern Fähigkeiten oder Unfähigkeiten, die nach eurer Meinung besonders gut zu einem Pfarrer passen. Auf jedes Fach gebt ihr eine Note.

42

3. Wir nehmen an, es gibt einen Komputer, in dem alle Pfarrer der Welt mit allen Eigenschaften, Fähigkeiten und Eigenarten gespeichert sind. Ihr spielt den Kirchenvorstand einer Gemeinde, die einen Pfarrer braucht und sich vom Komputer den richtigen „ausspucken" lassen will. Der Kirchenvorstand muß dazu für den Komputer alles zusammenstellen, was er sich von dem künftigen Pfarrer wünscht. — Ihr könnt diese Szene im Kirchenvorstand den andern vorspielen oder auch einfach die Ergebnisse der Beratung vortragen.

4. Im Straßenverkehr gibt es einen Bußgeldkatalog, der für alle Vergehen festsetzt, was man zahlen muß. Ihr sollt einen Bußgeldkatalog für Pfarrer zusammenstellen. Sammelt möglichst viel, was ein Pfarrer nicht darf oder nicht soll, und setzt die Höhe des Bußgeldes fest, je nachdem, wie schwerwiegend euch das Vergehen vorkommt.

5. Im Zoo gibt es gelegentlich Führungen, bei denen ein Fachmann den Besuchern die Tiere erklärt: Wie sie heißen, woher sie kommen, was sie fressen, wie sie sich verhalten, was sie für besondere Eigenarten haben usw.
Stellt euch so eine Führung vor in einem „Menschenzoo", dh. in jedem Käfig sitzt irgendeine Menschensorte. Der Zooführer kommt an den Käfig, in dem der Pfarrer sitzt. Überlegt euch gemeinsam, wie er ihn den Besuchern beschreibt. Einer von euch übernimmt die Rolle des Zooführers und erklärt der Gruppe dieses merkwürdige Lebewesen.

Die Vorführung der Ergebnisse, bei der viel gelacht wurde, brach das Eis und eröffnete eine Diskussion über den „Umgang mit Pfarrern".

55 **Feuer und Wind.** Im Kindergottesdienst war die Pfingstgeschichte an der Reihe (Apg. 2). Der Pfarrer versuchte, die Kinder auf die symbolische Bedeutung des Windes und des Feuers vorzubereiten. Er holte zwei Gruppen in die Sakristei und bat sie, Feuer und Wind pantomimisch darzustellen. Die übrigen Kinder kannten die Themen nicht und durften raten. Das Feuer wurde gleich erkannt. Es wurde sehr fröhlich dargestellt: Holz sammeln, aufschichten, anzünden und Tanz um das flackernde Feuer. Es wurde festgehalten, wie lebendig und ausgelassen es zugeht, wenn ein Feuer entzündet wird. Beim Thema Wind spielten einige Kinder Bäume, die hin und her schwankten, anderen wurde der Hut vom Kopf gerissen, und sie liefen ihm nach. Die Kinder errieten nicht, was dargestellt werden sollte. Einer sagte: „Die sind ein bißchen verrückt!" Es wurde fest-

gehalten, daß hier etwas geschah, was man nicht verstand, wenn
man die Ursache nicht kannte. Man konnte es auch als „verrücktes
Benehmen" auffassen — siehe Apg. 2,13. Anschließend wurde die
Geschichte erzählt. Die Kinder verstanden jetzt leichter, was die
Zeichen des Windes und des Feuers aussagten.

Einfallsalat. Die folgende Methode ist eigentlich kein Spiel, und es **56**
wird auch nichts gestaltet, aber mit ihr kann man mit einfachsten
Mitteln Ähnliches erreichen wie bei einem gestaltenden Spiel. Man
nennt ein Wort oder schreibt es an die Tafel und fordert die Schüler auf, wahllos zu notieren, was ihnen einfällt. Zur Erklärung kann
man zunächst mit irgendeinem anderen Wort einen „Einfallsalat"
ausprobieren. Wenn die Gruppe begriffen hat, daß es nicht auf logi-
sche Erörterungen, sondern wirklich auf einen unbeschränkten
„Salat" von Einfällen ankommt, nennt man das Ausgangswort. Hinterher werden dann die Ergebnisse vorgelesen und geordnet. Auf
diese Weise wird deutlich, mit welchen Erfahrungsbereichen die
Schüler die genannte Sache in Verbindung bringen. In einer 7. Klasse kamen zu dem Wort „Bibel" folgende Assoziationen: Adam, Gebote, Kloster, Mönch, Geist usw. Ein deutliches Zeichen, wie wenig
die Bibel mit dem gewöhnlichen Leben der Kinder zu tun hatte.
Vor der Besprechung der Taufe können zu „Wasser" Einfälle gesammelt werden. Man erhält regelmäßig die verschiedenen Aspekte
der Taufe: Tod, Leben, Waschung, manchmal sogar: Geburt. Die
symbolische Bedeutung des Untertauchens braucht nicht von außen
an die Gruppe herangetragen zu werden. Sie läßt sich finden, und
was das Wasser bei der Taufe soll, ist dann keine Frage mehr.

5. Wettkämpfe

Wettkämpfe üben einen großen Reiz aus: Man will gewinnen und
setzt sich deshalb mit aller Kraft ein. Das kann für die Leistung
einer Klasse nutzbar gemacht werden. Der Inhalt der Leistung ist
dabei von der Spieldynamik unabhängig. Jede meßbare Leistung
kann in einem Wettkampf verarbeitet werden.
Für den Wettkampf eignen sich daher hauptsächlich Lernstoffe. Die
Frage, ob solche Leistungswettkämpfe im Religionsunterricht sinnvoll sind, hängt mit der Frage zusammen, ob Lernstoff und Beno-
tung im Religionsunterricht sinnvoll sind. Im Grunde ist ja die Be-
mühung um gute Noten ein einziger Wettkampf, für viele mit Angst
und unguten Gefühlen verbunden. Wenn nun auch im Religionsunterricht ständig die Starken gewinnen und die Schwachen verlieren,

dann kann man vom Evangelium reden, so viel man will: Es wird durch die Erfahrung Lügen gestraft.

Wettkämpfe lassen sich aber auch so aufziehen, daß sie allen ausnahmslos Spaß machen. So könnten sie ein hilfreiches Gegengewicht gegen den Leistungsdruck der Noten bilden. Man kann die Belastung der Schwachen auf verschiedene Weise verhindern:

(1) Grundsätzlich erringt man bei einem Wettkampf nur Pluspunkte, keine Minuspunkte. (Eine Ausnahme bilden Strafpunkte beim Verstoß gegen die Spielregel.) Die Gewinner werden prämiiert, aber die anderen werden nicht bloßgestellt oder bestraft. Jeder kann Pluspunkte sammeln, der eine mehr, der andere weniger.

(2) Am besten kämpfen nicht einzelne, sondern Gruppen gegeneinander. Dadurch kann auch ein schwacher Schüler bei den Gewinnern sein, und wer verliert, wird durch die Gruppe entlastet und braucht es nicht nur seinem eigenen Versagen zuzuschreiben.

(3) Die kämpfenden Parteien können zu fairem kameradschaftlichem Verhalten angeleitet werden, wie es bei sportlichen Wettkämpfen üblich ist: Auch der Verlierer wird als ernstzunehmender Gegner geachtet.

(4) Der Inhalt der Wettkämpfe kann so gestaltet werden, daß die verschiedensten Fähigkeiten zum Zug kommen, so daß eine größere Anzahl von Schülern Gewinnchancen bekommt.

Wettkämpfe können mit jeder Altersgruppe durchgeführt werden. Am beliebtesten sind sie bei den 9-12jährigen. Inhaltlich eignet sich alles, was die Klasse gelernt und bearbeitet hat, in Form von Sachfragen oder Verständnisfragen. Auch Gestaltungsaufgaben für mehrere Gruppen können Wettkampfcharakter bekommen. So könnte zB. bei der gestaltenden BIBELARBEIT (S. 40) das beste Gruppenergebnis prämiiert werden. Man kann einen Wettkampf durch eine ganze Jungschar- oder Konfirmandenfreizeit durchziehen: Am Anfang werden Gruppen gebildet, einer bekommt das Amt des Punktesammlers, und nun wird bei jeder Gelegenheit gepunktet: bei Spielen, Arbeitsergebnissen, Küchendienst, Ordnung in den Zimmern usw. Zum Abschluß werden die Punkte zusammengezählt, und die Siegergruppe erhält einen Preis.

Formen des Wettkampfs im Unterricht:

57 **Quiz.** Der „Quizmaster" stellt den Parteien abwechselnd Fragen, die innerhalb einer bestimmten Zeit beantwortet sein müssen. Jede richtige Antwort ergibt einen Punkt.

Oder: Wie oben, nur daß eine ungelöste Aufgabe der nächsten und übernächsten Partei weitergegeben wird, bis sie gelöst ist oder bis

alle Parteien dran waren.
Oder: Der Quizmaster richtet die Frage an alle Parteien. Wer zuerst
die richtige Antwort ruft, erhält für seine Gruppe den Punkt. Dabei
darf jede Partei nur eine Antwort geben. Weitere Antworten aus derselben Gruppe werden nicht angerechnet, auch wenn sie richtig sind.

Fragebogen. Schwerfälligen Klassen kann man die Antworten er- **58**
leichtern, indem man einen Fragebogen vervielfältigt. Er enthält
eine Reihe von Fragen zum behandelten Stoff und zu jeder Frage
mehrere Antworten, von denen nur eine richtig ist. Die Schüler kreu-
zen jeweils die Antwort an, die sie für richtig halten.
Beispiel aus einem Fragebogen über den Propheten Elia (5. Klasse):

Warum ritzten sich die Baals-propheten die Haut auf?	a) weil sie sich ärgerten b) damit ihr Gebet erhört würde c) um Elia zu verspotten
Warum ging Elia in die Wüste?	a) weil er Angst hatte b) weil es Gott befahl c) weil er dort predigen wollte

Diese Methode erlaubt es auch, verhältnismäßig schwierige Verständnisfragen einzubringen, deren Beantwortung die Kinder selbst nur
schwer formulieren könnten. Viele Kinder finden solch einen Fragebogen ausgesprochen lustig, weil so viele falsche Antworten vorkommen. Natürlich kann man dieselbe Methode auch mündlich bei einem
Quiz anwenden. – Die Auswertung erfolgt auch hier am besten nach
Gruppen: Alle Pluspunkte einer Gruppe werden zusammengezählt.

Als Beispiel dafür, wie fantasievoll man einen Wettkampf ausbauen
kann, dienen die folgenden zwei Beiträge aus der Arbeit mit Präpa-
randen (Vorkonfirmanden):

Bibel-Schweigespiel. Der Name Schweigespiel sagt nichts über den **59**
Inhalt des Spieles aus; er wurde trotzdem stets verwendet, weil völ-
lige Stille eine unerläßliche Voraussetzung für das Gelingen des
Spiels bedeutet. Sinn des Spiels ist, daß die Gruppe lernt, sich in
der Bibel zurechtzufinden. Voraussetzung ist die Kenntnis der bi-
blischen Bücher in ihrer Reihenfolge.
Folgende Regeln werden zu Beginn bekanntgegeben: Keiner darf
„schwätzen". Wer schwätzt, bekommt einen Minuspunkt.
Der Spielleiter ruft eine Bibelstelle aus, zB. „Lukas 2,42". Wer die
Stelle als erster gefunden hat, steht auf und liest den Spruch vor:

„Und da er zwölf Jahre alt war, gingen sie hinauf nach Jerusalem nach dem Brauch des Festes."
Jeder folgende „Finder" steht schweigend auf. Wenn alle stehen, läßt der Spielleiter setzen. Der erste „Finder" bekommt einen Pluspunkt.
Damit jeder Spieler genötigt ist, den Vers genau zu lesen, erfolgt ein zweiter Spielgang: Anhand einer Konkordanz ruft der Spielleiter eine neue Stelle aus, in der ein Wort aus der ersten Stelle vorkommt, zB. „2. Mose 23,14". Wer diesmal die Stelle als erster gefunden hat, erhebt sich wieder und liest: „Dreimal im Jahr sollt ihr mir ein Fest feiern."
Jetzt muß das „Schlüsselwort" ermittelt werden. Wer als erster entdeckt, daß in beiden Stellen das Wort „Fest" enthalten ist, ruft laut: „Fest". Auch er bekommt einen Pluspunkt.
Wird das Schlüsselwort noch nicht gefunden, so ruft der Leiter eine dritte Stelle mit „Fest" aus, zB. Gal. 4,10. Nach einigen Durchgängen werden die drei Spieler mit der höchsten Punktzahl ermittelt. Für die Gesamtwertung erhält der 1. Sieger 3, der 2. Sieger 2 und der 3. Sieger 1 Punkt. In jeder Stunde wird das Spiel zur Auflockerung gespielt. Am Ende des Halbjahrs gibt es drei Buchpreise.
Lustig wird es natürlich für die Kinder, wenn zB. in Ps. 39,9, 1. Kor. 3, 18, Spr. 26,4 das Schlüsselwort „Narr" auftaucht oder in anderen Reihen zB. „Esel", „Ochse", „Kuß" usw.

60 **Gesangbuch-Schweigespiel.** Man kann in abgewandelter Form das „Schweigespiel" auch durchführen, um die Kinder im Gebrauch des Gesangbuchs einzuüben. Voraussetzung ist die Kenntnis der verschiedenen Teile des Gesangbuchs.
Beispiel: Der Spielleiter fragt: „Wie alt ist der Dichter des Wochenliedes für Estomihi geworden?"
Durchführung: Die Kinder müssen im Liturgischen Kalender des Gesangbuchs Estomihi suchen und stellen fest: Das Wochenlied ist Nr. 252. Wenn sie es aufschlagen, sehen sie: Der Dichter heißt Siegmund von Birken. Seinen Namen müssen sie im alphabetischen Autorenregister suchen. Dort finden sie die Nummer, unter der seine Kurzbiographie steht. Unter dieser Nummer lesen sie, daß er 1626 geboren und 1681 gestorben ist.
Die Antwort auf die Frage: „Wie alt ist der Dichter des Wochenliedes für Estomihi geworden?" lautet: 55 Jahre.
Dieses Spiel kann man beliebig variieren und mit Komponisten, Epistel des Sonntags usw. verbinden. Die Spieler finden zB. in erstaunlicher Schnelligkeit auf die Frage „Mit wem war der Dichter

des Wochenliedes für Lätare befreundet?" die Antwort: Johann
Crüger.
Auch hier darf nicht geredet werden. Jeder Schritt muß von jedem
Spieler selbständig durchschritten werden, bis er aufstehen und —
aufgeregt, ein anderer könnte ihm im letzten Augenblick noch zu-
vorkommen — die gefundene Lösung ausrufen kann.

6. Ratespiele

Jeder kennt den Reiz, den ein ungelöstes Rätsel auf uns ausübt. Wir
werden neugierig und versuchen, die Lösung herauszufinden. Ursprünglich sind die Rätsel wohl aus dem Bedürfnis heraus entstan-
den, den Geheimnissen des Lebens auf die Spur zu kommen. Das
klassische Rätsel, das die Sphinx dem Ödipus aufgegeben hat, ist
ein Beispiel dafür: ,,Es geht am Morgen auf vier Beinen, am Mittag
auf zwei Beinen und am Abend auf drei Beinen" — das ist formal
ein Rätsel, wie wir es heute auch kennen und das man lösen kann:
Der Mensch ist gemeint. Aber eben dieser Mensch, der da vom Kind
zum Mann und vom Mann zum Greis wird, ist ja sich selbst ein Geheimnis, das er zu erforschen sucht und doch nicht aufdecken kann.
So liegt hier beides ineinander: das Rätsel und das Geheimnis, das
Spiel und die Wirklichkeit.
Wenn wir ein Ratespiel suchen würden, das für den Glaubensunter-
richt in idealer Weise geeignet wäre, müßte es so geartet sein wie
das Rätsel der Sphinx: Die Dynamik des Ratens müßte einmünden
in die Suche nach den Geheimnissen des Glaubens und des Lebens,
deren Offenbarung man immer nur schrittweise erleben und er-
tasten kann.
Leider kenne ich ein solches Rätsel für unsere Arbeit nicht. Es geht
daher im folgenden lediglich um Möglichkeiten, wie man die Neu-
gier, die ein Rätsel entfesselt, für die Wissensvermittlung einspan-
nen kann. Dabei ist — ähnlich wie beim Wettkampf — der Inhalt
von der Dynamik des Rätsels unabhängig, dh. man kann grundsätzlich alles in ein Rätsel einbauen, natürlich auch Bibelstellen oder
theologische Begriffe. Schüler, denen das Raten Freude macht, be-
schäftigen sich auf diese Weise mit dem verarbeiteten Stoff, und
manches wird sich ihnen dabei einprägen, was sie vielleicht ohne
das Rätsel gar nicht registriert hätten.

61 Kreuzworträtsel und Silbenrätsel hat Heinz Ahnert in seinen „Unterrichtsskizzen für die evangelische Unterweisung" als Wiederholungsmöglichkeit eingefügt, zB. das folgende zu Apg. 15:

1	■	3	4	5	6	■
	■					■
	2					7
				8		
1						
		■				
	2					
	3					

Senkrecht:
1 Land, durch das Paulus zog
2 Land, durch das Barnabas zog
3 Jünger Jesu
4 Gemeinde in der Zerstreuung
5 Begleiter des Paulus
6 Jüdischer König
7 Christ aus Jerusalem
8 Angehöriger des Volkes Gottes

Waagrecht:
1 Bruder des Herrn Jesus
2 Jüdischer Namenspatron des Paulus
3 Christ aus Jerusalem

62 Zerrissenes Blatt. Eine Geschichte wird auf ein Blatt Papier geschrieben und das Blatt wird senkrecht in der Mitte durchgerissen. Zwei Schüler erhalten je eine Hälfte und versuchen, die andere Hälfte zu ergänzen. Beide Ergebnisse werden vorgelesen und verglichen.

63 Veränderter Schluß. W. Erl und F. Gaiser schlagen als eine Methode der Bibelarbeit vor, den Schluß einer biblischen Geschichte zu ändern, so daß ein anderer Sinn herauskommt. Die Gruppe bekommt den veränderten Text so vorgelegt, als wäre es ein intakter Bibelabschnitt. Die Geschichte kommt der Gruppe merkwürdig vor. Was stimmt da nicht? Wo weicht der Text vom Original ab? Wie müßte er richtig lauten? Diese Fragen führen zu einer intensiven Beschäftigung mit dem Inhalt der Geschichte, und die Lösung des Rätsels, der echte biblische Schluß, wird mit Spannung erwartet.

64 Fehler finden. Kinder der unteren Jahrgänge genießen es, wenn der Lehrer in eine Geschichte absichtlich Fehler einstreut, die sie dann entdecken können. Manche Lehrer setzen diese Methode als durchgängiges Unterrichtselement ein, um die Kinder an aufmerksames und kritisches Zuhören zu gewöhnen.

Unter diesem Titel sind verschiedenartige Spiele zusammengefaßt, deren Dynamik besonders auf bestimmten Spielregeln beruht. Fast alle Unterhaltungsspiele, vom Schach bis zum Skat, gehören dazu. Und in vielen oben genannten Spielen sind Regeln enthalten (zB. bei der Pantomime: Man darf nicht sprechen. Beim Gruppenentscheidungsspiel: Nur schriftliche Kontaktaufnahme).

Regeln erleichtern das Spielen, indem sie die Fülle der Aktionsmöglichkeiten eingrenzen. Dadurch wird einmal die Handlung kanalisiert und auf bestimmte Schwerpunkte gelenkt (zB. wird bei Blindekuh das Auge ausgeschaltet und dadurch das Hören und Fühlen intensiviert), zweitens wird ein ungestörter Ablauf der Beziehungen zwischen den Spielern erreicht (vgl. Verkehrsregeln).

Bei Spielen mit symbolischen Medien, also zB. Brettspielen, umfassen die Spielregeln *sämtliche* Aktionsmöglichkeiten des Spiels. Das macht den Reiz dieser Spiele aus: Sie bilden eine kleine, abgeschlossene Welt (Spielbrett) mit eigens für diese Welt geschaffenen Personen (Spielfiguren) und einem eigenen, lückenlosen Lebensgesetz (Spielregel).

Diese Spielwelt mit ihrem Lebensgesetz spiegelt oft eine historische oder gegenwärtige Gesellschaftsstruktur oder eine bestimmte Art von menschlicher Auseinandersetzung wieder. Beim Schachspiel etwa kämpfen zwei mittelalterliche Monarchen gegeneinander, besser gesagt, sie lassen ihr Volk und ihre Offiziere für sich kämpfen und wenn nötig fallen, wobei ein Bauer leichteren Herzens geopfert wird als ein Ritter (Springer) oder gar die Dame, während der König selbst niemals geschlagen, sondern nur matt gesetzt wird. Das Gegenstück wäre etwa Monopoly, ein modernes Spiel, bei dem der kapitalistische Kampf ums Dasein so lange gekämpft wird, bis der Sieger alle Konkurrenten restlos ausgeschaltet hat.

Dementsprechend müßte es eigentlich möglich sein, eine beliebige menschliche oder gesellschaftliche Struktur in ein Spiel umzusetzen, entweder um sie zu entlarven und ihren Mechanismus bewußt zu machen, oder um sie als Lebensmöglichkeit vorzustellen und einzuüben.

Das Mauerspiel stellt einen solchen Versuch dar. Es bildet mit den Mitteln eines Brettspiels die Auseinandersetzung zwischen Gesetz und Freiheit, zwischen Selbstsicherung und Gemeinschaft nach (s. letzter Teil S. 91).

81

50   Verhältnismäßig einfach lassen sich biblische Einzelheiten mit irgendeinem geläufigen Regelspiel koppeln, zB. mit einem Würfelspiel oder einem Quartett.

65 **Bibel-Quartett.** Der Verlag Heinrich Schwarz u. Co. Nürnberg hat vor kurzem ein neues Quartett herausgebracht mit dem Titel „Jesus Christus", bei dem immer vier Szenen aus einer Geschichte der Evangelien ein Quartett ergeben.

Auch biblische Würfelspiele lassen sich leicht herstellen, indem man den Weg einer biblischen Figur (zB. Joseph oder Paulus) auf ein Spielbrett zeichnet, in Felder unterteilt und an bestimmten Stellen Hindernisse oder Begünstigungen einbaut (Joseph wird zu Pharao gerufen: Noch einmal würfeln. – Paulus erleidet Schiffbruch: Dreimal aussetzen). Das Dilemma bei solchen Spielen ist, daß der biblische Inhalt einer völlig sachfremden Spieldynamik aufgepfropft wird: Weder hat die Geschichte Jesu etwas zu tun mit der Sammelleidenschaft, die beim Quartettspiel aktiviert wird, noch lassen sich die Schicksale des Joseph oder die Missionsreisen des Paulus mit einem Wettrennen vergleichen, wie es durch Würfelspiele à la Mensch-ärgere-dich-nicht symbolisiert wird.

Pädagogischen Gewinn kann man höchstens dann aus solchen Spielen ziehen, wenn die Klasse sie selbst erarbeitet. Dadurch kann die Gesamtgeschichte wiederholt und der Ertrag gesichert werden.

66 **Israels Zug durch die Wüste.** Eine 4. Klasse entwickelte auf dem geographischen Grundriß des Sinaigeländes einen Weg von Ägypten zum gelobten Land mit allen wichtigen Etappen des Exodus als Würfelspiel. Für jede Etappe mußte eine Spielregel gefunden werden, die dem biblischen Ereignis entsprach. So mußte sich die Klasse mit allen Geschichten noch einmal befassen. Natürlich wurde das fertige Spiel dann auch mit Freude gespielt, wobei die selbstgewählten Spielregeln inhaltlich gefüllt waren durch die besprochenen Geschichten.

Übrigens spricht man von „Spielregeln" auch in Bereichen, die man gewöhnlich nicht als Spiel bezeichnet, etwa von den Spielregeln der Demokratie, des Geschäftslebens, des guten Tons. Eine Gemeinschaft einigt sich auf „Umgangsformen", die einen möglichst reibungslosen und organischen Ablauf von Verhandlungen und Begegnungen gewähleisten. In diesem Sinne wäre bereits eine Diskussion mit einem Diskusionsleiter eine Art Regelspiel: „Wer reden will, meldet sich. Der Spielleiter ruft die Spieler in der Reihenfolge der Meldungen auf. Wer aufgerufen wird, redet." So ließe sich die Spielregel formulieren.

Manche Gruppen können oder wollen nach dieser Regel nicht diskutieren. Da reden immer nur dieselben, andere melden sich gar nicht erst. Oder man empfindet das Aufrufen als schulmeisterlich, auch wenn ein Schüler den Diskussionsleiter spielt. Darum lohnt es sich, weitere Spielregeln für das Gruppengespräch durchzuprobieren. Das Ziel bleibt natürlich, daß eine Gruppe sich selbst leitet und keine Strukturierung durch starre Regeln braucht. Aber dahin ist ein langer Weg, und bei einer Klassenstärke von 20 und mehr Schülern wird man dieses Ideal überhaupt nicht erreichen. Aber vielleicht machen die folgenden Vorschläge den Weg etwas angenehmer.

Kompetenzen. Kinder reißen sich meist darum, den Diskussionsleiter spielen zu dürfen. Warum soll man nicht mehreren Kindern besondere Kompetenzen übertragen? Einer zB. bekommt die Aufgabe, sofort zu unterbrechen, wenn die Gruppe vom Thema abweicht. Ein anderer wird Sachverständiger und bereitet sich auf ein Spezialgebiet besonders vor. Einer wird Beobachter und zeichnet ein Soziogramm, um der Gruppe zwischendurch zu zeigen, wer dauernd redet und wer nie etwas sagt. Einer spielt den „advocatus diaboli", der immer Gegenargumente sucht. Man kann auch direkt ein Streitgespräch vorstrukturieren, indem man zwei Parteien bildet, die jeweils die gegenteilige Meinung verteidigen oder indem sich zwei Einzelne auf eine „Extremistenrolle" vorbereiten.

67

Gerichtsverhandlung. Ein Prozeß läuft nach präzisen Spielregeln ab. Diese Spielregeln kann man im Unterricht übernehmen, entweder so, daß einer einen Angeklagten spielt, dessen Verbrechen verhandelt wird, oder wie in der Fernsehserie „Pro und Contra", daß eine sachliche Frage „unter Anklage steht". Die Schüler verteilen unter sich die Rollen: Richter, Beisitzer, Staatsanwalt, Verteidiger, Zeugen, Sachverständige, Gerichtsdiener, Geschworene. — Gerichtsverhandlung spielen ist schwerer, als es vielleicht den Anschein hat. Ohne Vorbereitung wird die Verhandlung platzen. Jeder Spieler muß die Materie kennen und Argumente auf Lager haben. Man kann vor der Verhandlung dem Staatsanwalt und dem Verteidiger gleich viele Zeugen zuteilen: Beide Gruppen überlegen sich mit ihrem Anwalt möglichst schlagkräftige „Erlebnisse", die sie als Zeugen vortragen können. — Als Anschauungsmaterial eignet sich Ernst Langes „Bewährungsfrist", ein Spiel, in dem einem Pfarrer vom Gericht „Verbrechen gegen die Menschlichkeit" vorgeworfen wird, weil er Geld für einen Kirchbau ausgegeben hat. Das Für und Wider um den Bau einer Kirche wird in Form einer Gerichtsverhandlung erörtert.

68

69 **Meditationsgespräch.** Während bei der Gerichtsverhandlung die Auseinandersetzung „angeheizt" wird, soll bei der Meditation ein Streitgespräch verhindert werden. Es geht hier nicht um Argumente, sondern um Eindrücke, die ruhig zunächst nebeneinander stehenbleiben dürfen. Dazu helfen folgende Spielregeln: Am Anfang wird das Thema formuliert oder der Text gelesen. Jeder kann nun die Gedanken aussprechen, die ihm kommen, aber keiner darf seinem Vorredner direkt etwas erwidern. Erst wenn ein Dritter seine Gedanken gesagt hat, darf man wieder auf den vorletzten Beitrag zurückkommen.
Oder: In der ersten Gesprächsrunde kommt jeder einmal zu Wort. Erst wenn alle, die sich äußern wollen, etwas gesagt haben, geht die Gruppe auf bestimmte Gesprächsbeiträge ein.

70 **Gespräch mit dem Ball.** Für Gruppen, die schwer aus sich herausgehen, kann der Ball oder irgendein anderer weicher Gegenstand (Kissen, verknotetes Tuch) eine Gesprächshilfe sein: Wer den Ball hat, hat das Wort. Er wirft den Ball demjenigen zu, den er anredet. Sorgsam verborgene Aggressionen können sich auf diese Weise lösen und — allen sichtbar durch die Art des Wurfs — zum Ausdruck kommen.

71 **Gesprächskontrolle.** Wenn Gruppenmitglieder viel aneinander vorbeireden, kann man mit ihnen eine Übung durchführen, die T. Brocher in „Gruppendynamik und Erwachsenenbildung" beschreibt: Zwei Personen (A und B) diskutieren auf folgende Weise: A behauptet etwas. B wiederholt die Meinung von A mit eigenen Worten, A bestätigt, daß B ihn verstanden hat (oder korrigiert B so lange, bis B die Meinung von A richtig wiedergeben kann). Jetzt erst kann B etwas behaupten, und A muß die Meinung von B wiedergeben usw. Ein Beobachter (C) greift sofort ein, wenn die Spielregel nicht eingehalten wird. In Gruppen, die diese Übung durchgeführt haben, wird die Bereitschaft wachsen, aufeinander zu hören und öfters zurückzufragen, wenn man nicht sicher ist, ob man den anderen richtig verstanden hat. Der Gruppenleiter kann aber die Spielregel dieser Übung auch kurzfristig für das Gruppengespräch selbst einführen. Die Diskussion wird dadurch sehr umständlich, aber die Regel verhindert, daß einer am anderen vorbeiredet.

72 **Fragespiel.** H. Ahnert schlägt zur Ertragssicherung statt des Abfragens folgendes Spiel vor: „Die Kinder werden immer wieder ermuntert, sich Fragen zu den besprochenen Geschichten zu notieren. Ein Kind ruft die Frager auf und beantwortet ihre Fragen. Weiß es auf

eine Frage keine Antwort, so muß der Fragesteller selbst antworten
und dann vor die Klasse treten. Der Lehrer ist dabei nur Schieds-
richter."

■

Wenn wir die verschiedenen Spielmodelle überblicken, entdecken
wir bei ihrer Dynamik eine sehr unterschiedliche „Verwandtschaft"
zum Lernprozeß, den wir in der kirchlichen Unterrichtsarbeit anstreben. Das bedeutet nicht, daß wir auf die sachfremderen Modelle verzichten müßten. Manche von ihnen, wie zB. der Wettkampf,
schlagen so gut ein, daß es unsinnig wäre, sich ihrer nicht zu bedie-
nen. Aber der Lehrer oder Gruppenleiter sollte sich über den lern-
dynamischen Stellenwert des Spiels im Klaren sein. In der folgenden Skala wird versucht, den einzelnen Spieltypen ihren Platz zu-
zuweisen zwischen den beiden Polen der Identität und der Koppelung von Spieldynamik und Lernprozeß (vgl. Vorüberlegungen zur
Dynamik des Spiels, Punkt 6 S.13).

⋀ Identität

Übungsspiele, Entscheidungsspiele, Experimente, gruppendynamische Spiele

Darstellung von Situationen, gestaltende Spiele

Spielen von Geschichten

Spielen von fertigen Texten

Wettkämpfe, Ratespiele

⋁ Koppelung

Briefspiele und Regelspiele sind zu verschieden, um sie in dieser
Skala eindeutig unterzubringen.

III.   Große Spiele

Die folgenden Spiele werden gesondert mitgeteilt, nicht weil sie grundsätzlich anderer Art wären als die bisherigen Beispiele, sondern weil sie ausführlicher beschrieben werden müssen. Viele von ihnen bauen auf Informationen auf, die den Spielern schriftlich ausgehändigt werden. Diese Texte werden hier vollständig wiedergegeben in der Form, wie sie die Teilnehmer in die Hand bekommen, auch wenn sich daraus Wiederholungen ergeben.
Mit Ausnahme des MAUERSPIELS sind alle Beiträge für Jugendliche oder Erwachsene entwickelt worden. Für Kinder unter dreizehn Jahren sind sie zu schwer.

1. Zwei Gruppenentscheidungsspiele zum Thema Konfirmation

73   Kritische Konfirmanden

Das Spiel wurde auf einer Konfirmandenfreizeit gespielt.
Die Spielleitung übernahm der Pfarrer. Zwei Konfirmanden assistierten ihm als Briefboten. Die vier Gruppen wurden von der Spielleitung so zusammengestellt, daß jede Gruppe nach Geschlechtern und Schultypen gleichermaßen gemischt war. Als Beobachter der Gruppen wirkten drei 18-jährige Jugendliche und eine Konfirmandin mit. Die Beobachter zeichneten Soziogramme und notierten sich den Verlauf der Diskussion. Sie vermieden es, das Gespräch selbst zu leiten und machten keine Vorschläge zur Bewältigung der Aufgaben. Das Spiel dauerte knapp drei Stunden. Die Dauer war nicht vorher festgelegt. Sie ergab sich aus der Bewältigung des Problems.

Vor Beginn des Spiels wurden jedem Teilnehmer die Spielregeln schriftlich ausgehändigt und besprochen. Jede Gruppe bekam im verschlossenen Umschlag ihre Information. Die Gruppen gingen in verschiedene Räume und öffneten dort den Umschlag.

Spielregeln

Gruppen: 1. Konfirmanden A
              2. Konfirmanden B, eine Clique innerhalb des Kreises A
              3. Die Eltern der Konfirmanden
              4. Der Kirchenvorstand

Jede Gruppe setzt sich nach einer kurzen gemeinsamen Einführung in einen eigenen Raum. Jede Gruppe hat einen Briefträger und einen Beobachter. Die Beobachter notieren den Ablauf des Spiels in den einzelnen Gruppen und berichten bei der Nachbesprechung darüber.

Zu Beginn bekommt jede Gruppe eine schriftliche Information über die Situation, die dem Spiel zugrunde liegt. Der Informationsgrad ist je nach Gruppe verschieden, wie das ja auch der Wirklichkeit entspricht. Keine Gruppe weiß, welche Informationen die anderen Gruppen haben.

Nun kann jede Gruppe an jede andere Gruppe Briefe schreiben. Der Briefträger bringt die Briefe zur Spielleitung. Dort werden sie auf Tonband gesprochen und dann der richtigen Adresse zugestellt.

Mündliche Kontakte zwischen den Gruppen sind verboten.

Es können auch Briefe an Personen oder Gruppen geschrieben werden, die nicht durch Spielgruppen vertreten sind. Solche Briefe werden von der Spielleitung beantwortet. Ebenso kann die Spielleitung Briefe anderer Personen oder Gruppen an die Spielgruppen senden.

Drei Bitten:

(1) Verwendet für jeden Brief ein ganzes Blatt, auch wenn er nur kurz ist.

(2) Vergeßt nicht, Absender und Empfänger oben auf das Blatt zu schreiben (,,Gruppe X an Gruppe Y").

(3) Sammelt die angekommenen Briefe und übergebt sie am Ende der Spielleitung.

Das Spiel ist beendet, wenn sich alle Gruppen über das vorliegende Problem verständigt haben. Bei der Nachbesprechung wird das Ergebnis vom Tonband vorgespielt und besprochen.

Konfirmanden A

Ihr habt den größten Teil des Konfirmandenunterrichts hinter euch. In sechs Wochen ist Konfirmation. Ihr freut euch darauf, aus verschiedenen Gründen. Allerdings sind einige Konfirmanden nicht bei euch. Sie haben sich von euch abgespalten (= Konfirmanden B). Ihr seht sie oft beieinanderstehen und miteinander tuscheln. Sie nennen sich „Kritische Konfirmanden", ihr habt ihnen den Spitznamen „Konfirmanden-APO" gegeben, weil sie oft Opposition zeigen. Im Unterricht hat einer von ihnen einmal gesagt: „Konfirmation ist Quatsch. Wir sollten beschließen, daß wir alle auf diese leere Feierlichkeit verzichten." Einer von euch sagt, er wüßte, daß sie euch das Fest der Konfirmation vermasseln wollen, vielleicht sogar so, daß sie den Gottesdienst stören und Rabatz machen.

Konfirmanden B

Ihr habt euch als kleine Gruppe innerhalb des Konfirmandenkreises zusammengeschlossen und trefft euch gelegentlich in der Wohnung eines Freundes. Dort besprecht ihr, was euch bei der kommenden Konfirmation problematisch ist. Der Anlaß, daß ihr euch abgesondert habt, war folgender: Ein Konfirmand aus der Gruppe A hat zu einem von euch gesagt: „Was der Pfarrer erzählt, ist Blödsinn, was in der Bibel steht, ist mir schnuppe. Ich laß mich nur konfirmieren, weil es da Geschenke gibt. Ich wäre ja dumm, wenn ich die nicht kassieren würde." Ihr habt daraufhin mehrere gefragt, warum sie sich konfirmieren lassen. Die Antworten haben euch nicht befriedigt: „Weil das halt so üblich ist" — „Weil es meine Eltern wollen" — „Weil man blöd angeschaut wird, wenn man's nicht tut" — „Weil man Geschenke bekommt" usw.
Daraufhin hat einer von euch im Konfirmandenunterricht gesagt: „Wenn nicht mehr dabei ist, ist Konfirmation Quatsch". — Ihr überlegt euch, ob ihr als „kritische Konfirmanden" nicht geschlossen die Konfirmation verweigert, damit die anderen merken, daß es so nicht geht.

Eltern

Beim letzten Elternabend 6 Wochen vor der Konfirmation erzählt eine Mutter: „Ich wollte meinem Sohn den Konfirmationsanzug kaufen, da hat er gesagt: Laß das, es ist überhaupt nicht sicher, ob die Konfirmation stattfindet. Ich habe gefragt: Ja warum, wieso? Da gab er mir keine rechte Antwort. Er sagte nur: „Du wirst schon sehen!" Die Mutter ist beunruhigt und fragt die anderen Eltern, ob sie mehr darüber wissen. Ein Vater erzählt, daß sich in seiner Wohnung gelegentlich einige Konfirmanden treffen und miteinander geheime Dinge beraten. Wenn jemand zu ihnen ins Zimmer kommt, herrscht immer plötzlich Schweigen. Mehr weiß er auch nicht.

Kirchenvorstand

Ein Kirchenvorsteher ist nach dem Gottesdienst von einer Konfirmandin gefragt worden: „Was muß man tun, wenn man sich nicht konfirmieren lassen will?" Er hat versprochen, die Frage in der nächsten Kirchenvorstandssitzung zu klären. — Ein anderer Kirchenvorsteher hat erfahren, daß ein Konfirmand offen erklärt hat: Konfirmation ist Quatsch.

Der Spielleiter hatte einige Briefe vorbereitet, die er selbst während des Spiels an die Gruppen sandte, um die Situation zu verschärfen oder um neue Gesichtspunkte in die Diskussion zu bringen. Die beiden folgenden Briefe bewirkten heftige Auseinandersetzungen.

Eine Jugendgruppe von 16jährigen an Konfirmanden A und B

Liebe Konfirmanden,
wir haben uns neulich in unserer Gruppenstunde über Konfirmation unterhalten. Dabei kam heraus, daß die meisten von uns nicht mehr an das glauben, was sie damals in der Kirche versprochen haben. Viele haben auch damals nicht daran geglaubt. Man hat alles über sich ergehen lassen, ohne nachzudenken. Wir meinen, daß man sich mit 13 Jahren überhaupt noch nicht frei entscheiden kann und daß die Kirche etwas Unmögliches von Euch verlangt. Wenn's nach uns ginge, sollte man mit 16 konfirmiert werden. Nur daß dann höchstens noch 5 % sich konfirmieren lassen würden. Überlegt Euch das, weil Ihr ja bald dran seid!   Die Jugendgruppe

Leserbrief im Evangelischen Gemeindeblatt an alle

Ich wohne nun schon 63 Jahre in M. und habe rege am Gemeindeleben teilgenommen, aber sowas hat es doch noch nie gegeben: Da seh ich nach dem Gottesdienst einige Konfirmandinnen beisammen stehen. Ich geh hin und will nett zu ihnen sein und sage: Na, Kinder, freut ihr euch auf eure Konfirmation? Fährt mich doch so ein junges Ding an und sagt: Das ist ja doch nur alles Zwang und Heuchelei! Am liebsten lassen wir uns überhaupt nicht konfirmieren! — Soweit sind wir also schon. Man weiß ja, woher solche Töne kommen. Das ist vom Osten her gesteuert. Nichts ist ihnen mehr heilig, den jungen Leuten. Wenn ich an meine Konfirmation zurückdenke — das war ein Fest! Und so feierlich! Ja, ich frage: Was soll man da machen? Wie soll man den Kindern den Glauben beibringen, wenn sie solche Antworten geben?
          Anna Sonntäglich

Nach drei Stunden hatten die Konfirmanden insgesamt 46 Briefe
geschrieben und waren sich weitgehend einig. Der Spielleiter zeich-
nete für jede Stunde ein Gruppensoziogramm (für jeden Brief einen
Verbindungspfeil vom Absender zum Empfänger), das deutlich den
Fortschritt der Kommunikation aufzeigte: Während auf der ersten
Skizze die Verbindungslinien sehr ungleichmäßig verteilt waren,
wuchs das Soziogramm in der dritten Stunde zu einem dichten Netz
von Pfeilen. Jede Gruppe hatte mit jeder Verbindung aufgenommen.
Entsprechend war auch die Verständigung unter den Gruppen fort-
geschritten.
Bei der Nachbesprechung herrschte große Spannung. Nachdem das
Tonband mit den Briefen abgespielt war, wurde noch 90 Minuten
diskutiert. Die Beobachter berichteten, daß in den Gruppen keiner
an der Diskussion unbeteiligt gewesen war — was sich in einer Ge-
samtgruppe von 25 Konfirmanden kaum erreichen läßt.
Einige Wochen später veranstalteten die Konfirmanden einen Elternabend, zu dem sie auch Kirchenvorsteher und Jugendliche einluden.
Das Tonband mit den Briefen wurde vorgespielt und abgezogen ausgeteilt. Die anschließende Diskussion enttäuschte, da die Spannung
der Spielsituation offenbar durch das Hören nicht mehr reprodu-
ziert werden konnte. Bei einem zweiten Versuch mit einer anderen
Konfirmandengruppe gelang der Elternabend besser. Hier wurden
die Briefe nicht in der zeitlichen Reihenfolge verlesen, sondern nach
Briefwechsel-Einheiten geordnet: Briefwechsel Konfirmanden A —
Eltern, Briefwechsel Konfirmanden A — Kirchenvorstand usw.

Dieses Spiel hatte alle Beteiligten so angeregt, daß der Vorschlag
kam, ein ähnliches Gruppenentscheidungsspiel mit den echten Gruppen zu spielen, so daß also der Kirchenvorstand und die Eltern nicht
von Konfirmanden gespielt werden, sondern von wirklichen Kirchen-
vorstehern und Eltern. Es entstand das folgende Spiel.

74 Wer wird konfirmiert?

Da vier verschiedene Gruppen der Gemeinde beteiligt waren, erfor-
derte dieses Unternehmen eine längere Vorbereitung, schon deshalb,
weil es schwierig ist, für so viele einen günstigen Termin zu finden.
Ein schulfreier Samstag wurde festgesetzt, und etwa sechs Wochen
vorher bat der Pfarrer die Kirchenvorsteher, die Eltern und die Jugendlichen persönlich um ihre Teilnahme. Um bei der Besetzung der
Gruppen sicher zu gehen, wurden vorgedruckte Anmeldezettel ver-
schickt. Die Erwachsenen meldeten sich nur zögernd. Immerhin
spielten dann 5 Mütter (!), 6 Kirchenvorsteher, 10 Jugendliche und

9 + 5 Konfirmanden mit. 7 weitere Konfirmanden beteiligten sich
als Briefträger und „Sekretärinnen" der Spielleitung. 5 Jugendgrup-
penleiter wirkten als Beobachter mit.
Die Spielregel wurde einige Tage vorher allen Spielern zugestellt
(Text wie beim ersten Spiel, nur erweitert durch die Jugendgruppe).

Informationen

Konfirmanden A

Bis zur Konfirmation ist noch etwa eine Woche Zeit (= im Spiel bis
12 Uhr).
Ihr habt alle den Konfirmandenunterricht das ganze Jahr hindurch regelmäßig besucht. Nur fünf von euch fehlen seit etwa sechs Wochen unent-
schuldigt. Ihre Namen sind: *Axel, Brigitte, Christoph, Daniela* und *Evi*
(= Konfirmanden B).
In diesen letzten sechs Konfirmandenstunden wurden Dinge besprochen,
die man für die Konfirmation unbedingt wissen muß: zB. der Sinn der
Konfirmation, das Glaubensbekenntnis und das Abendmahl.
In der letzten Konfirmandenstunde hat der Pfarrer über die fünf Fehlen-
den gesagt: „Die scheinen keinen Wert auf ihre Konfirmation zu legen.
Ich weiß nicht, ob ich sie konfirmieren kann. Das muß der *Kirchenvorstand* entscheiden."
Einige von euch wissen, warum die fünf fehlen: Zur gleichen Zeit, in der
ihr Konfirmandenunterricht habt, trifft sich auch eine *Jugendgruppe.* Da
sind sie jedesmal gewesen.
Michael, einer aus dieser Jugendgruppe, ist mit Brigitte befreundet.
Es könnte euch natürlich egal sein, ob die fünf konfirmiert werden oder
nicht. Aber sicher ist es euch nicht egal und ihr werdet euch überlegen,
was ihr davon haltet, was ihr unternehmen wollt und mit wem ihr Verbindung aufnehmt.

Konfirmanden B

Ihr heißt im Spiel *Axel, Brigitte, Christoph, Daniela* und *Evi*. Bitte macht
zuerst aus, wer welchen Namen spielt.
Die Eltern von *Axel* und *Brigitte* sind in der *Elterngruppe* vertreten.
Ihr fünf habt in den letzten sechs Wochen den Konfirmandenunterricht
geschwänzt. Nun ist nur noch eine Woche Zeit bis zur Konfirmation
(= im Spiel bis 12 Uhr). Einer von den andern Konfirmanden *(= Konfirmanden A)* hat euch erzählt, daß der Pfarrer euch nicht konfirmieren
will. Jetzt überlegt ihr, was ihr machen sollt.
Daß ihr vom Unterricht weggeblieben seid, daran ist eigentlich die *Jugendgruppe* schuld. Die trifft sich immer zur gleichen Zeit wie die Konfirmanden. Bei dieser Jugendgruppe habt ihr mitgemacht.
Brigitte hat nämlich einen Freund, der zu der Jugendgruppe gehört. Er
heißt *Michael.* Für Michael und Brigitte ist es ein bißchen schwierig, sich
öfters zu treffen; denn Brigitte traut sich ihren Eltern nicht zu sagen, daß

sie den Michael gern hat. Da war die Jugendgruppe eine gute Gelegenheit, mit ihm zusammenzusein. So hat sie halt geschwänzt und sich nicht viel dabei gedacht. Brigitte hat dann auch den andern Vieren von der Jugendgruppe erzählt und sie mitgenommen.
Brigitte ist nicht deshalb vom Konfirmandenunterricht weggeblieben, weil ihr die Sache gleichgültig wäre. Sie hat nur eben mit Michael zusammen sein wollen. Konfirmiert werden möchte sie unbedingt, und zwar aus Überzeugung.
Bei *Axel* ist das anders. Für ihn ist die Konfirmation mehr eine Formsache, und er ist mit zur Jugendgruppe gekommen, weil ihn der Konfirmandenunterricht nicht mehr interessiert hat.
Christoph, Daniela und *Evi* können sich ihre Einstellung zur Konfirmation selbst aussuchen.

Kirchenvorstand

Eine Woche vor der Konfirmation ist der Pfarrer auf eine Dienstreise gefahren und hat dem Kirchenvorstand folgenden Brief hinterlassen:

Sehr verehrte Damen und Herren vom Kirchenvorstand!
Da ich dummerweise von meiner Dienstreise erst unmittelbar vor der Konfirmation zurückkomme, muß ich Sie bitten, bis dahin folgendes Problem zu bearbeiten und eine Entscheidung zu treffen: Von meinen Konfirmanden haben sich fünf seit etwa sechs Wochen nicht mehr im Unterricht sehen lassen. Sie haben sich weder abgemeldet noch eine Entschuldigung geschickt. Es handelt sich um *Axel, Brigitte, Christoph, Daniela* und *Evi.* Ihre Eltern habe ich bereits verständigt.
Da gerade in den letzten Konfirmandenstunden noch sehr wesentliche Dinge behandelt worden sind, bin ich sehr im Zweifel, ob man es verantworten kann, diese fünf zur Konfirmation zuzulassen. Bei einer Unterrichtsdauer von nur acht Monaten fallen sechs Wochen sehr ins Gewicht. Auch habe ich den Konfirmanden bereits in der ersten Stunde deutlich gesagt, daß die regelmäßige Teilnahme am Unterricht Voraussetzung für die Konfirmation ist. Es kann uns nicht daran gelegen sein, uninteressierte Jugendliche automatisch zu konfirmieren.
Die Entscheidung in solch einer Frage liegt beim Kirchenvorstand. Ich bitte Sie deshalb, die Sachlage sorgfältig zu prüfen und nach bestem Wissen und Gewissen zu entscheiden.

Mit herzlichen Grüßen   Ihr H.F.

Der Zeitpunkt der Konfirmation ist im Spiel 12 Uhr.
Konfirmanden B = Axel, Brigitte, Christoph, Daniela und Evi.
Konfirmanden A = Die übrige Konfirmandengruppe.

Eltern

Zwei von Ihnen spielen Vater oder Mutter von *Axel* und von *Brigitte* aus der Gruppe Konfirmanden B.
Die übrigen sind Eltern von Konfirmanden A.

Bitte verteilen Sie zu Beginn diese Rollen unter sich.

Bis zur Konfirmation ist noch etwa eine Woche Zeit (= im Spiel bis 12 Uhr). Sie haben also fast alles schon vorbereitet: Der Anzug, das Kleid ist gekauft, das Fest ist bestellt, die Verwandten sind eingeladen, die Geschenke liegen im Schrank. Nun haben Sie einen Brief des Pfarrers erhalten:

Sehr verehrte Eltern!
Leider muß ich Ihnen mitteilen, daß fünf Konfirmanden seit etwa sechs Wochen den Konfirmandenunterricht nicht mehr besucht haben. Es handelt sich um die Konfirmanden *Axel, Brigitte, Christoph, Daniela* und *Evi.*
Ich bin mir sehr im Zweifel darüber, ob ich diese fünf zur Konfirmation zulassen kann. Offenbar fehlt ihnen das nötige Interesse. Ich habe den Kirchenvorstand gebeten, der Sache nachzugehen und die Entscheidung zu treffen, ob sie doch noch konfirmiert werden können, wenn sie überhaupt Wert darauf legen.
Ich selbst bin in dieser Woche leider durch eine Dienstreise verhindert, von der ich erst unmittelbar vor der Konfirmation wieder zurückkehren werde.

Mit freundlichen Grüßen   Ihr H.F., Pfarrer

Konfirmanden B = Axel, Brigitte, Christoph, Daniela und Evi.
Konfirmanden A = Die übrige Konfirmandengruppe.

Jugendgruppe

Einer von euch heißt im Spiel *Michael.*
Bitte bestimmt zuerst, wer ihn spielt.

Eure Jugendgruppe trifft sich wöchentlich im Gemeindehaus. Zur gleichen Zeit findet der Konfirmandenunterricht statt. Seit etwa 6 Wochen haben fünf Konfirmanden in eurer Gruppe mitgemacht, statt in den Konfirmandenunterricht zu gehen, und zwar *Axel, Brigitte, Christoph, Daniela* und *Evi.*
Zuerst war Brigitte gekommen. Sie ist mit Michael eng befreundet. Für Michael ist das eine Gelegenheit, mit ihr zusammenzusein. Sonst ist es immer recht schwierig, sie zu treffen, weil ihre Eltern nichts davon wissen sollen. Die anderen vier hat Brigitte eine Woche später mitgebracht. Seitdem waren alle fünf jedesmal in eurer Gruppe.
Nun habt ihr irgendwas läuten hören, daß der Pfarrer diese fünf nicht konfirmieren will. Die Konfirmation ist bereits in einer Woche (= im Spiel 12 Uhr).
Ihr überlegt euch, wie ihr die Lage beurteilt und was ihr unternehmen könnt.

Konfirmanden B = Axel, Brigitte, Christoph, Daniela und Evi.
Konfirmanden A = Die übrige Konfirmandengruppe.

Es war bei diesem Spiel bald nicht mehr möglich, jeden Brief auf Tonband zu sprechen, weil sich die Korrespondenz derartig überstürzte, daß die Spielleitung gerade noch damit fertig wurde, die Briefe zu numerieren und zu registrieren. 111 Briefe wurden in 3 1/2 Stunden geschrieben. Briefe, die an den Pfarrer gerichtet waren, wurden alle von der „Pfarramtssekretärin" beantwortet mit dem Hinweis, der Pfarrer sei nicht zu erreichen, man solle sich an den Kirchenvorstand wenden. Das gab natürlich böses Blut. Alle Gruppen waren sich über das unmögliche Verhalten des Pfarrers einig, und die Jugendgruppe schrieb an den „Landeskirchenrat", man solle ihn schleunigst abberufen. Bei der Nachbesprechung erklärte der Spielleiter, daß die „Dienstreise" sicher etwas unrealistisch sei — so kurz vor der Konfirmation —, daß sie aber für das Spiel notwendig sei, um einmal nicht, wie sonst üblich, alles über den Pfarrer laufen zu lassen, sondern die Gruppen untereinander in Beziehung zu bringen. Man kann natürlich überlegen, ob sich dieses Ziel auf elegantere Weise erreichen ließe.

Auch für dieses Spiel hatte die Spielleitung einige Briefe vorbereitet, die den Gruppen zur gegebenen Zeit zugestellt wurden:

Frau Herta Emsig an die Eltern

Liebe Eltern!
Mein Sohn hat mir von Ihren Schwierigkeiten erzählt. Er geht nämlich mit einem in die Klasse, der zu den Konfirmanden von Pfarrer F. gehört. Wir selbst wohnen in einer anderen Gemeinde, und mein Sohn ist auch Konfirmand.
Ich finde es schon sehr merkwürdig, daß Pfarrer F. Ihre Kinder nicht konfirmieren will. Unser Pfarrer ist da nicht so. Ich glaube bestimmt, er würde ein Auge zudrücken. Kinder sind nun mal so und denken sich nicht viel dabei. Da sollte man ihnen doch nicht gleich das ganze Fest verderben. — Soll ich mal mit unserem Pfarrer reden, ob Sie Ihre Kinder bei ihm konfirmieren lassen können, wenn es in Ihrer Gemeinde nicht klappt? Sicher wird er damit einverstanden sein.
Das ist nur ein Angebot. Ich möchte Sie nicht überreden.

Viele Grüße   Herta Emsig

Anna Sonntäglich an den Kirchenvorstand

Werte Herren!
Wende mich heute an Sie, weil man über die Zustände in unserer Jugend besorgt sein muß. In unserem Gemeindehaus treffen sich viele Jugendliche hauptsächlich deshalb, weil dort Burschen und Mädchen ungehindert alles miteinander tun können, was ihnen Spaß macht. Will mich nicht

näher auslassen. Habe aber öfters die Jugendlichen pärchenweise heimge-
hen sehen.
Das alles wäre nicht so schlimm, wenn es unter den Älteren bliebe. Jetzt
machen da aber schon die Konfirmanden mit. Junge Mädchen, fast noch
Kinder, mischen sich unter die älteren Jugendlichen. Die Eltern wenn
das wüßten!
Ich finde, vor der Konfirmation sollte man so was von ihnen fernhalten.
Wie soll man sie konfirmieren, wenn sie nur solche Sachen im Kopf ha-
ben? Wäre Ihnen dankbar, wenn Sie sich darum kümmern könnten. Die
Leute fangen schon an zu reden.

Hochachtungsvoll   Frau Anna Sonntäglich

Onkel Paul an die Mutter von Axel

Liebe Gusti!
Endlich komme ich dazu, Dir herzlich zu danken für die Einladung zur
Konfirmation von Axel. Wir werden selbstverständlich mit Kind und Ke-
gel anrücken und haben für Axel auch ein schönes Geschenk besorgt:
ein kleines Kassettentonbandgerät. Ich hoffe, es ist Euch recht, wenn wir
es ihm schenken. Bis bald!   Dein Paul

Die Nachbesprechung am Nachmittag dauerte zwei Stunden und
ergab ein intensives Gespräch über den Sinn der Konfirmation. Aber
ganz abgesehen vom Inhalt des Gesprächs scheint mir der Haupter-
folg der zu sein, daß sich die verschiedenen Gemeindegruppen so intensiv miteinander befaßt haben. Die fünf Mütter der Elterngruppe,
die sich vorher nicht kannten, trafen sich auf dieses Spiel hin mehrmals in einer Wohnung zu einer Gesprächsrunde.

2. Drei Spiele zum Thema Sündenbock

Ausgangspunkt für die folgenden drei Spiele war die Passionsgeschichte. Unsere Arbeitsgruppe stellte sich die Aufgabe, einen Aspekt
des Prozesses Jesu durch Spiele nachvollziehbar zu machen. Wir ent-
deckten, daß — bei aller Unvergleichlichkeit dieses Geschehens —
doch ein Verhaltensmechanismus mit im Spiel ist, der in der Weltge-
schichte und in Gruppen immer wieder auftaucht: Eine Gruppe, eine
Gesellschaft sucht sich einen Sündenbock, auf den sie all ihre Schuld
abwälzt, der unter ihr und für sie leidet. Man denke etwa an die Rolle des jüdischen Volkes oder an die Prügelknaben in manchen Schulklassen.

64 Bei der Durchführung wurden uns einige Schwierigkeiten und Gefahren bewußt:

(1) Von wenigen Ausnahmen abgesehen, entwickeln diese Spiele in fast allen Gruppen eine ungeheure Dynamik. Der Sündenbockmechanismus funktioniert auf Anhieb. Wenn das Spiel *nur* um des Spieles willen gespielt wird, wenn also die Gruppe den Spielablauf nicht auch in kritischem Abstand reflektieren kann, ist das Ergebnis eine Wiederholung und Bestätigung der Sündenbockprojektion: Wälze alle Schuld auf einen andern, so wirst du durchkommen. Wenn dann noch ein schwacher, sensibler Schüler in die Sündenbockrolle gerät, die er vielleicht sowieso schon oft genug spielt, dann schadet das Spiel mehr als es nützt. Man sollte darum nur belastungsfähige Jugendliche spielen lassen und von vornherein darauf hinweisen, daß wir hier einen Verhaltensmechanismus studieren wollen. Auf die klärende Nachbesprechung kann nicht verzichtet werden.

(2) Theologisch gerät man in die Versuchung, Jesus kurzschlüssig die Sündenbockrolle zuzuschreiben, etwa so: Jesus übernimmt diese Rolle freiwillig und bewußt, um uns zu entlasten. Zweifellos gibt es neutestamentliche Aussagen in dieser Richtung. Aber sie machen nicht die gesamte Theologie des Neuen Testaments aus und können – für sich allein genommen – in eine gefährliche Richtung führen: Jugendliche, die von der Gruppe abgelehnt werden, könnten ihre Schwäche glorifizieren: Ich leide genauso wie Jesus. Andere, die es vielleicht nötig hätten, über eigene Fehler nachzudenken, könnten zu dem bekannten „billigen" Gnadenverständnis kommen: Wenn einer für meine Schuld leidet, brauche ich mich nicht mehr damit auseinanderzusetzen. Beidemale wäre der Sündenbockmechanismus bestätigt, nicht in Frage gestellt. Nun wird aber durch Jesu Tod und Auferstehung dieser verhängnisvolle Mechanismus gerade nicht bestätigt, sondern durchbrochen. Wenn ich die Geschichte Jesu betrachte, stelle ich fest: 1. In der Umwelt Jesu herrschte das Sündenbockschema. Es gab Dazugehörige und Ausgestoßene, Gerechte und Sünder. 2. Jesus stellte sich zu den „Sündenböcken" seiner Zeit und durchbrach damit das Schema. 3. Er wurde dadurch selbst zur Zielscheibe für die Aggressionen und Projektionen der „Gerechten". Seine Verurteilung ist das Ergebnis des Sündenbockmechanismus. 4. An Ostern bestätigte Gott den, der mit den Ausgestoßenen Gemeinschaft hatte, als seinen Sohn und verurteilt dadurch den Sündenbockmechanismus. 5. Die Predigt der Apostel ermöglicht durch das Angebot der Versöhnung die Auseinander-

setzung mit der eigenen Schuld. Ich brauche sie nicht mehr auf Sündenböcke abzuwälzen, sondern sie kann mir bewußt werden, und ich kann mich ändern (vgl. Apg. 2, 23 u. 38).
Wenn man also bei der Nachbesprechung dieser Spiele auf den Tod Jesu eingeht, genügt nicht die Feststellung: Bei Jesus war das genau so. Sondern man muß der Frage nachgehen, wie der Durchbruch durch diesen grauenvollen Mechanismus in der christlichen Gemeinde, in der gerade versammelten Gruppe Gestalt annehmen könnte. Dazu können die folgenden Spiele den Anstoß geben, weil sie die Gruppe erschrecken oder zumindest nachdenklich werden lassen über das, was sich in ihrer Mitte abspielt.

Wer war das? (Entscheidungsspiel)   **75**
Die Spielsituation ergibt sich aus folgender Vorgeschichte, die vom Spielleiter mitgeteilt wird: Die Klasse hat einen Lehrer, der die Schüler oft anschreit. Eines Tages hängt im Klassenzimmer ein Spruch: „Wer brüllt, hat unrecht". Der Lehrer kommt in die Klasse, ohne den Spruch zu sehen, und brüllt die Klasse aus irgendeinem Grund an. Die Klasse lacht. Der Lehrer bemerkt das Schild mit dem Spruch. Wütend fragt er: Wer war das? — Niemand weiß es. Der Lehrer gibt der Klasse eine Stunde Zeit: Wenn ihr bis dahin den Schuldigen nicht gemeldet habt, fällt das Schullandheim aus! Dann verläßt er das Zimmer.
Hier beginnt das Spiel. Der Spielleiter läßt die Klasse im Unklaren darüber, ob überhaupt einer denjenigen spielt, der den Spruch mitgebracht hat. Tatsächlich ist kein „Schuldiger" vorhanden.
Dieses Spiel ist im eigentlichen Sinn ein Entscheidungsspiel. Die Klasse hat verschiedene Möglichkeiten, mit ihrer Lage fertig zu werden, und muß nicht unbedingt dem Sündenbockmechanismus verfallen. Es wird also zunächst die grundlegende Entscheidung gefällt, ob man sich überhaupt auf die Auslieferung eines Schuldigen einläßt oder nicht. Entschließt sich die Klasse einmütig zum Protest gegen die Forderung des Lehrers, so hat man für die Nachbesprechung einen positiven Ausgangspunkt: Ihr wollt nicht, daß einer für euch alle bestraft wird. Offenbar habt ihr gespürt, wie unsachgemäß es ist, einen Sündenbock zu suchen.
Häufiger zieht sich die Klasse anders aus der Affäre: Sie stellt fest, daß sich das Schullandheim nur so retten läßt, daß sich einer freiwillig „opfert". Die „Sündenbock"-Rolle wird umgewertet: Es gilt als Ehre, sich zur Verfügung zu stellen, und die Stärksten reißen sich darum.
Gefährlich wird es, wenn die Klasse verbissen nach dem Schuldigen

sucht, wobei auch hier die Schwächsten oft gar nicht in Erwägung gezogen werden: Der bringt so was doch gar nicht fertig! Sensible Schüler kann solch eine Diskussion schwer belasten, und es wird alles darauf ankommen, daß die Gruppe bei der Nachbesprechung ihr Verhalten gründlich bearbeitet und daß wenigstens einigen ein Licht aufgeht, was so ein Mitschüler auszuhalten hat, wenn er immer am Rand steht und nicht ernst genommen wird. Die Klasse spielt sich ja selbst, nur die Situation ist fingiert. Wenn den Schülern ihr eigenes Verhalten dadurch bewußter wird, kann das Spiel einen Änderungsprozeß einleiten. In den folgenden Unterrichtsstunden werden ähnliche Situationen nicht mehr unreflektiert ablaufen. Eine kleine Bemerkung des Lehrers oder auch eines Schülers wird genügen, um unkameradschaftliches Verhalten zu erkennen und zu korrigieren.

76 Einer steigt aus (Regelspiel)

Eine Mannschaft von 5 Astronauten (es kann auch eine andere ungerade Zahl sein) hat für die Rückkehr zur Erde wegen einer Panne nicht mehr genügend Sauerstoff. Er reicht gerade noch für 4. Wenn alle im Raumschiff bleiben, kommt keiner lebendig an. Wenn einer aussteigt, sind die restlichen vier gerettet.
Die Astronauten denken sich nun ein Würfelspiel aus, um den zu bestimmen, der sich opfern muß. Sie haben noch eine halbe Stunde Zeit, dann muß die Entscheidung fallen.
Die Spielregeln: Jeder würfelt der Reihe nach mit 5 Würfeln. Die gewürfelten Augen gelten als Belastungspunkte und werden notiert. Würfelt einer drei Einser, so kann er sich einen Partner wählen und mit ihm ein Paar bilden. Wer zu einem Paar gehört, kann bei jedem Wurf die Punkte eines Würfels sämtlichen Spielern, die nicht zu einem Paar gehören, auf deren Belastungskonto rechnen (Beispiel: Ein Spieler, der zu einem Paar gehört, würfelt 1, 3, 3, 5, 6. Er schreibt auf sein Konto 1+3+3+5 = 12 Belastungspunkte, auf das Konto jedes alleinstehenden Spielers je 6 Punkte).
Nach der vereinbarten Spielzeit wird zusammengerechnet. Wer die höchste Punktzahl hat, muß aussteigen. Normalerweise wird es der sein, der keinen Partner gefunden hat, da er ja ständig Belastungspunkte von den andern erhält.
Dieses Würfelspiel hat alle Vor- und Nachteile eines Regelspiels: Es ist auch für spielerisch Unbegabte leicht zu spielen, aber die Entscheidung fällt zum Teil durch Würfelergebnisse. Immerhin stehen durch die Wahl des Partners Entscheidungsmöglichkeiten offen. Man sollte schon vor Spielbeginn den Sinn des Spiels erklären:

Hier wird wie in einem Gleichnis ein typisches Verhalten von Gruppen nachgebildet. Die Nachbesprechung wird von der Frage geleitet: Was haben wir erlebt? Dabei sollen vor allem die Gefühle der Spieler ausgesprochen werden: Was empfindet man, wenn man sich einen rettenden Partner suchen kann? Oder wenn man von einem andern als Partner gewählt wird? Oder wenn man allein ohne Partner übrigbleibt und von allen andern nur Belastungspunkte aufgehäuft bekommt? Wie ergeht es einem, wenn man endgültig weiß: Ich muß nicht aussteigen? Und wie erlebt der Verlierer die Entscheidung?

Wenn man daraufhin den Sündenbockmechanismus anhand von Beispielen erläutert, werden die Spieler diesen Vorgang einfühlend verstehen. Sie werden merken, daß hier ein „scheußliches Spiel" getrieben wird und werden nach Wegen suchen, wie man Probleme, die eine Gemeinschaft belasten, anders und besser lösen kann.

Belagerte Stadt (Experiment)   **77**

Fünf Spieler erhalten — am besten einige Zeit vor dem Spiel — ihre Rolleninformation. Sie spielen fünf Bürger einer mittelalterlichen Stadt: Bürgermeister, Arzt, Krankenpfleger, Wächter, Schmied. Sie werden angewiesen, ihre Information genau zu studieren und auf keinen Fall einem anderen Spieler etwas davon mitzuteilen. Ungeübte Spieler muß man darauf hinweisen, daß sie sich in die Lage der Person, die sie verkörpern, hineinversetzen sollen, daß sie sich also zB. gut überlegen müssen, was sie den andern mitteilen und was sie lieber verheimlichen. Die Zuschauer werden über die Situation kurz informiert: Die kleine Stadt Trotzburg ist von den Hochbergern belagert. Sie beschuldigen die Trotzburger, einen Kaufmann umgebracht zu haben und fordern innerhalb einer Stunde die Auslieferung des Schuldigen.

Am besten teilt man auch hier gleich zu Beginn den Zweck des Spieles mit: Wir wollen Verhaltensweisen studieren, die in jeder Gruppe oder Gesellschaft ablaufen können, die aber in einer ausweglosen Situation wie in diesem Spiel besonders deutlich hervortreten. Daher sollen auch die Zuschauer das Verhalten der Spieler beobachten, am besten nach bestimmten Gesichtspunkten und nach Personen verteilt (vgl. Hinweise auf Beobachtungsaufgaben S. 26 und Auswertungsbogen S. 80).

Gespielt wird nun die Beratung der fünf Beteiligten, in der entschieden werden muß, wer als Hauptschuldiger ausgeliefert wird.

Bürgermeister

Die kleine arme mittelalterliche Stadt Trotzburg ist zerstritten mit der großen reichen Nachbarstadt Hochberg. Der Bürgermeister mag die Hochberger gar nicht. Eines Tages, wie er gerade die Stadtkasse nachzählt, kommt der Schmied angerannt und erzählt: Eben hat mich ein Kaufmann aus Hochberg überfallen wollen. Ich habe mich gewehrt und ihn verwundet. Jetzt liegt er draußen im Schnee. Der Bürgermeister denkt sich: Das geschieht dem Hochberger recht! Und weil er die Hochberger nicht mag, bleibt er hinter seinem Geld sitzen und sagt nur: Das werden wir schon kriegen! Der Schmied läuft daraufhin zum Arzt, aber der will nicht hinausgehen. Höchstens wenn der Verwundete hereingebracht wird, behandelt er ihn. Der Schmied bittet den Krankenpfleger, den Kaufmann mit ihm hereinzutragen. Aber der sagt: Nur wenn es der Bürgermeister mir befiehlt. Da kommt der Schmied zum Bürgermeister zurück und erzählt ihm alles. Der Bürgermeister sagt: Na, meinetwegen soll er ihn reinschaffen. Sie schaffen den Kaufmann herein, der Arzt verbindet seine Wunden, aber in der Nacht stirbt der Kaufmann. Der Arzt sagt: Der war nicht mehr zu retten. Die Kälte hat ihn fertiggemacht. Wenn der Wächter gleich gesehen hätte, was los ist und uns Bescheid gegeben hätte, hätte ich ihn vielleicht durchgebracht. Der Wächter sagt: Ich habe von dem ganzen Vorfall nichts gesehen.

Kurze Zeit darauf kommen die Soldaten von Hochberg vor die Stadt. Sie sind in der Übermacht. Sie lassen den Trotzburgern eine Botschaft überbringen: Liefert uns bis in einer Stunde den Schuldigen aus, der den Kaufmann getötet hat, sonst brennen wir die ganze Stadt nieder.

Arzt

Die kleine arme mittelalterliche Stadt Trotzburg ist zerstritten mit der großen reichen Nachbarstadt Hochberg.
Eines Tages kommt der Schmied zum Arzt und sagt ihm: Draußen vor der Stadt liegt ein Kaufmann von Hochberg verwundet im Schnee. Komm doch raus und hilf ihm! Er hat mich überfallen wollen und ich habe mich gewehrt und ihn verwundet. Eben war ich schon beim Bürgermeister, aber der will nichts unternehmen.
Der Arzt denkt sich: Geschieht ihm recht, dem Hochberger! – und sagt: Was, ich soll zu einem Hochberger hinausgehen bei dieser Kälte? Fällt mir gar nicht ein. Bringt ihn rein, dann kann ich ihn vielleicht behandeln.
Der Schmied läuft zum Krankenpfleger und bittet ihn, den Kaufmann mit reinzutragen. Aber der sagt: Nur wenn es der Bürgermeister befiehlt.
Der Schmied rennt zum Bürgermeister, der befiehlt es endlich, und so schaffen beide, der Schmied und der Krankenpfleger, den Kaufmann zum Arzt.
Der Arzt sieht, daß der Kaufmann todkrank ist, weil er so lange im Schnee gelegen hat. Er verbindet seine Wunden, aber Arzenei gibt er ihm nicht, weil er sich denkt: Wozu soll ich diesem Hochberger auch noch kostenlos

meine teure Arzenei geben? — In der Nacht stirbt der Kaufmann. Der
Arzt sagt zu den anderen: Der war nicht mehr zu retten. Die Kälte hat ihn
fertiggemacht. Wenn der Wächter gleich gesehen hätte, was los ist und uns
gleich Bescheid gegeben hätte, hätte ich ihn vielleicht durchgebracht.

Kurze Zeit darauf kommen die Soldaten von Hochberg vor die Stadt. Sie
sind in der Übermacht. Sie lassen den Trotzburgern eine Botschaft überbringen: Liefert uns bis in einer Stunde den Schuldigen aus, der den Kaufmann getötet hat, sonst brennen wir die ganze Stadt nieder. — Kurz vor
der Beratung kommt der Wächter zum Arzt und bezahlt ihm eine längst
fällige hohe Rechnung.

Krankenpfleger

Die kleine arme mittelalterliche Stadt Trotzburg ist zerstritten mit der
großen reichen Nachbarstadt Hochberg.
Zum Krankenpfleger von Trotzburg kommt eines Tages der Schmied
und sagt: Draußen vor der Stadt liegt ein Kaufmann aus Hochberg. Er ist
verwundet. Er hat mich angefallen, und ich habe mich gewehrt und ihn
zusammengeschlagen. Wir können ihn nicht im Schnee liegenlassen.
Komm und hilf mir, ihn reinzutragen!
Der Krankenpfleger hat wenig Lust, einem Hochberger zu helfen. Deswegen sagt er: Du hast mir nichts anzuschaffen. Wenns der Bürgermeister
sagt, geh ich hinaus, sonst nicht. Eigentlich ärgert er sich ja oft über den
Bürgermeister, daß er so viel anschafft. Aber jetzt ist es ihm ganz recht.
Der Schmied sagt, er wäre schon beim Bürgermeister gewesen und beim
Arzt, und beide wollten nicht recht was tun. Aber der Krankenpfleger
bleibt dabei. Der Schmied läuft weg, und nach einer Weile kommt er wie-
der und berichtet, der Bürgermeister hätte es jetzt befohlen. Da geht der
Krankenpfleger mit ihm hinaus, und sie holen den Verwundeten rein.
Der Arzt verbindet seine Wunden. Aber in der Nacht stirbt der Kaufmann.
Der Arzt sagt: Der war nicht mehr zu retten. Die Kälte hat ihn fertigge-
macht. Wenn der Wächter gleich gesehen hätte, was los ist, und uns gleich
Bescheid gegeben hätte, hätte ich ihn vielleicht durchgebracht.

Kurze Zeit darauf kommen die Soldaten von Hochberg vor die Stadt.
Sie sind in der Übermacht. Sie lassen den Trozburgern eine Botschaft
bringen: Liefert uns bis in 1 Stunde den Schuldigen aus, der den Kaufmann getötet hat, sonst brennen wir die ganze Stadt nieder.

Wächter

Die kleine arme mittelalterliche Stadt Trotzburg ist zerstritten mit der
großen reichen Nachbarstadt Hochberg. Der Wächter steht auf dem Turm
und beobachtet die Straße, die an der Stadt vorbeiführt. Eines Tages sieht
er, wie der Schmied von Trotzburg einen Kaufmann, der aus Hochberg
die Straße entlang kommt, überfällt und niederschlägt. Er meldet es aber
nicht in der Stadt, weil er denkt: Was geht mich der Hochberger an? Kurz
darauf kommt der Schmied zu ihm auf den Turm gestiegen und gibt ihm
Geld, damit er den andern sagen soll, er hätte nichts gesehen. Dem Wäch-

ter ist es recht. Er verspricht, nichts zu sagen. Der Schmied läuft weiter zum Bürgermeister und bittet ihn, dem Verwundeten draußen im Schnee zu helfen. Er stellt die Sache so hin, als ob der Kaufmann ihn überfallen hätte, und im Kampf hätte er ihn dann verwundet. Der Bürgermeister tut nichts. Da läuft der Schmied zum Arzt. Der Arzt will nicht hinausgehen. Höchstens wenn jemand den Verwundeten hereinholt, würde er ihn behandeln. Der Schmied bittet nun den Krankenpfleger, mit ihm den Verwundeten zu holen. Der Krankenpfleger läßt sich aber nur vom Bürgermeister was anschaffen. Endlich gibt ihm der Bürgermeister den Befehl, den Kaufmann reinzuschaffen. Aber es ist schon zu spät. In der Nacht stirbt der Kaufmann. Der Arzt sagt: Wenn der Wächter gleich gesehen hätte, daß da einer verwundet im Schnee liegt, und uns gleich Bescheid gesagt hätte, hätte ich ihn retten können.

Kurze Zeit darauf kommen die Soldaten von Hochberg vor die Stadt. Sie sind in der Übermacht. Sie lassen den Trotzburgern eine Botschaft überbringen: Liefert uns bis in 1 Stunde den Schuldigen aus, sonst brennen wir die ganze Stadt nieder. Kurz vor der Beratung kommt der Wächter zum Arzt und bezahlt eine längst fällige hohe Rechnung mit dem Geld, das ihm der Schmied gegeben hat.

Schmied

Die kleine arme mittelalterliche Stadt Trotzburg ist zerstritten mit der großen reichen Nachbarstadt Hochberg. Der Schmied von Trotzburg sieht eines Tages vor der Stadt einen Kaufmann aus Hochberg vorbeikommen. Er denkt sich: Dem nehme ich sein Geld ab! Er überfällt ihn, schlägt ihn zusammen und nimmt das Geld. Wie er aber den Kaufmann verwundet im Schnee liegen sieht, bekommt er's mit der Angst und rennt in die Stadt, um Hilfe zu holen. Zuerst geht er allerdings zum Wächter auf den Turm. Der hat alles mit angesehen. Der Schmied gibt ihm die Hälfte des geraubten Geldes, damit er nichts verrät. Der Wächter verspricht, nichts zu sagen. Der Schmied läuft zum Bürgermeister und sagt zu ihm: Eben hat mich ein Kaufmann aus Hochberg überfallen wollen. Ich habe mich gewehrt und ihn verwundet. Jetzt liegt er draußen im Schnee. Der Bürgermeister zählt gerade die Stadtkasse nach und sagt nur: Das werden wir schon kriegen! Er tut aber nichts. Da läuft der Schmied zum Arzt und sagt: Komm mit vor die Stadt hinaus und hilf dem verwundeten Kaufmann! Der Arzt sagt: Was? Zu einem Hochberger soll ich hinausgehen? Fällt mir gar nicht ein. Wenn ihr ihn hereinschafft, werde ich ihn vielleicht behandeln. Sonst nicht. Da rennt der Schmied zum Krankenpfleger und bittet ihn: Trag doch mit mir den Kaufmann herein! Allein schaffe ich es nicht. Der Krankenpfleger sagt: Du hast mir gar nichts anzuschaffen. Wenns der Bürgermeister sagt, komme ich mit. Sonst nicht. Der Schmied läuft wieder zum Bürgermeister. Der ist immer noch beim Geldzählen. Er sagt: Meinetwegen soll er ihn hereinschaffen. Der Schmied läuft zum Krankenpfleger, und beide tragen den Kaufmann in die Stadt. Der Arzt verbindet seine Wunden, aber in derselben Nacht stirbt der Kaufmann. Der Arzt sagt: Der war nicht mehr zu retten. Die Kälte hat ihn fertiggemacht. Wenn der Wächter gleich gesehen hätte, was los ist, und uns gleich

Bescheid gegeben hätte, hätte ich ihn vielleicht durchgebracht.
Kurze Zeit darauf kommen die Soldaten von Hochberg vor die Stadt. Sie sind in der Übermacht. Sie lassen den Trotzburgern eine Botschaft überbringen: Liefert uns bis in einer Stunde den Schuldigen aus, der den Kaufmann getötet hat, sonst brennen wir die ganze Stadt nieder.

Dieses Spiel hat die Form eines Entscheidungsspiels, ist aber der Sache nach ein Experiment, und man sollte es auch vor der Gruppe so bezeichnen. Denn die Situation ist so konstruiert, daß eine Entscheidung gegen den Sündenbockmechanismus kaum mehr möglich ist. Denkbar wäre höchstens, daß alle fünf Beteiligten sich stellen — was praktisch nie vorkommt, weil mindestens einer sich weigert und seine Unschuld beteuert —, oder daß der Auszuliefernde ausgelost wird, nachdem alle Beteiligten eingesehen haben, daß sie mitschuldig sind. In der Regel wird aber sehr heftig gekämpft, meist mit unsachlichen Argumenten, bis schließlich einem, bei dem es am leichtesten geht, alle Schuld zugeschoben wird. Das Spiel bildet den Sündenbockmechanismus naturgetreu ab. Man sucht nicht nach sachlichen Überlegungen die beste Lösung, sondern man wälzt mit allen Mitteln seine Schuld auf einen andern.
Die Nachbesprechung muß deshalb das Ziel verfolgen, daß die Gruppe die himmelschreiende Ungerechtigkeit solch eines Verurteilungsprozesses wahrnimmt. Dies kann mit folgenden Arbeitsschritten erreicht werden:

(1) Die Wahrheit wird berichtet. Alles, was zB. der Schmied, der Arzt, der Wächter verheimlicht hat, wird aufgedeckt. Das bewirkt meistens eine große Empörung, und die Gruppe protestiert nachträglich gegen das Spielergebnis: Eigentlich waren doch alle schuld, und auf keinen Fall war der „Sündenbock" der Hauptschuldige.

(2) Die Spieler schildern ihre Gefühle während des Spiels: Ihre Erleichterung, wie sie ihre Schuld abschieben konnten, ihre Angst, wenn die andern ihnen die Schuld zuschoben.

(3) Die Beobachter berichten, was ihnen aufgefallen ist. Die Gruppe vergleicht die Verhaltensweisen der Spieler mit dem Spielergebnis. Was hat dazu geführt, daß gerade dieser Spieler ausgeliefert wurde und ein anderer sich retten konnte? Oft kommt gerade der Sachlichste oder der Ehrlichste am schlechtesten weg.

(4) Jetzt kann anhand von anderen Beispielen aus der Geschichte oder aus der Gegenwart der Sündenbockmechanismus analysiert

werden. Was kann man dagegen tun? Wie müßte eine Gemeinschaft aussehen, in der es keinen Sündenbock zu geben braucht? Hier hat auch die Frage nach dem Tod Jesu ihren Platz. Die Gruppe wird anhand der Passionsgeschichte den Vorgang der Schuldabwälzung neu entdecken, angefangen bei Kaiphas und seinem Ausspruch: ,,Es ist besser, daß einer für das Volk stirbt, als daß das ganze Volk zugrunde geht", bis hin zu Pilatus, der seine Hände in Unschuld wäscht. Die Hauptfrage muß aber dann sein, wie Jesus selbst mit der Schuld umgeht, die ihm zugeschoben wird: Nicht wie ein Schwächling, dem nichts anderes übrigbleibt, sondern als der Starke, der uns treu bleibt, den verhängnisvollen Mechanismus von innen her aufbricht und neue Gemeinschaft ermöglicht.

Die Entdeckung, wie die Zeitgenossen Jesu ihre Schuld abzuwälzen versuchten, wurde von einer Konfirmandengruppe folgendermaßen vorbereitet: Fünf Konfirmanden bekamen die Aufgabe, eine Verteidigungsrede zu verfassen für Kaiphas, Pilatus, einen Soldaten, einen Mann aus dem Volk, Judas. Sie konnten sich dabei an folgendes Schema halten: ,,Ich bin Kaiphas. Man wirft mir vor, daß ich ......; aber ......" Bei der Nachbesprechung des Spiels BELAGERTE STADT lasen sie ihre Reden vor.

Für die positive Verarbeitung der Sündenbockspiele entstand das folgende SCHLÜSSELSPIEL. Die Anregung dazu gab eine Gruppe von Pfarrern, die auf einer Tagung die BELAGERTE STADT gespielt hatten und über das Ergebnis ziemlich schockiert waren. Sie meinten, die negative Erfahrung dieses Spiels lasse sich in einem Gespräch allein nicht so verarbeiten, daß die Gruppe zur positiven Gestaltung der Gemeinschaft durchdringt. Dem intensiven Erlebnis des Sündenbockmechanismus müßte ein ebenso gewichtiger Gegenpol zugefügt werden, also ein zweites Spiel.

3. Ein Übungsspiel zum Thema Versöhnung

78 Das Schlüsselspiel

Das Ziel des folgenden Entwurfs ist es, eine Gruppe in sachliche Klärung und Bereinigung von Schuld einzuüben. Beim Sündenbockspiel wurde ein unsachlicher, gefährlicher Mechanismus der Schuldabwälzung demonstriert. Die Gruppe erfuhr, wovor man sich hüten muß. Jetzt soll versucht werden, einen sinnvolleren und heilsameren Weg zu beschreiten.

Ausgangspunkt für die Gestaltung dieses Spieles waren folgende Überlegungen: Wenn schuldhaft gestörte Beziehungen in Ordnung kommen sollen, ist es nicht damit getan, daß die Beteiligten einfach nachgeben und auf ihre berechtigten Bedürfnisse verzichten. Dadurch werden die Spannungen nicht aufgearbeitet, sondern verdeckt, besonders dann, wenn dieses Nachgeben aus Schwäche geschieht und diese Schwäche als christliche Tugend ausgegeben wird. Das Gebot der Feindesliebe in der Bergpredigt verstehe ich nicht als Nachgeben und Sich-alles-gefallen-Lassen, sondern als Zeichen der Stärke: Die Kraft der Liebe Christi durchbricht den Teufelskreis der Vergeltung. Das Spiel, das Versöhnung zum Ziel hat, muß also so angelegt sein, daß vorzeitiges Nachgeben und Überrumpelung eines schwachen Spielers verhindert wird. Jeder Spieler muß ein Machtmittel in der Hand haben, mit dem er die anderen Spieler daran hindern kann, über seinen Kopf hinweg die Lösung zu suchen.

Ein wichtiges Ziel ist auch, daß die Gruppe das gegenseitige Vertrauen wiederherstellt und sich nicht eher zufriedengibt, als bis das erreicht ist. Jeder Spieler muß also die Möglichkeit haben, die Lösung so lange aufzuhalten, bis er allen andern vertrauen kann und nicht mehr befürchten muß, trotz aller Vereinbarungen dann doch ausgeschmiert zu werden.

Als symbolisches Mittel für diese Ziele dient im folgenden Spiel der Schlüssel. Die Spieler sitzen in einer Reihe nebeneinander und stellen sich vor, daß jeder in eine Einzelzelle gesperrt ist. Als Modell können die Zellen aus Gitterstäben dienen, wie man sie bei Gefängnissen in manchen Wildwestfilmen sehen kann: Man kann sich gegenseitig sehen und miteinander sprechen, jeder kann auch seinem direkten Nachbarn (und nur diesem!) einen Gegenstand durchs Gitter reichen, aber man ist trotzdem, jeder für sich, eingesperrt. Nun bekommt jeder Spieler den Schlüssel für eine andere Zelle nach folgendem Schema:

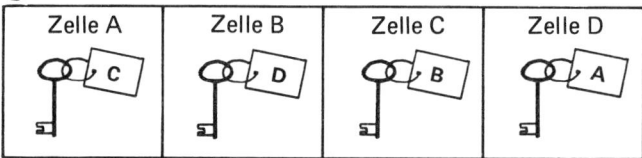

Oder bei fünf Spielern:

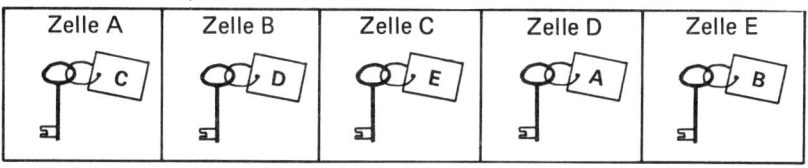

Die Spieler können sich also aus ihrem Gefängnis befreien, indem sie die Schlüssel von Zelle zu Zelle weitergeben, bis jeder den Schlüssel zu seiner Zelle hat und das Gitter öffnen kann.

Bei der Erklärung des Spiels verzichtet man am besten ganz darauf, diese Regelung als realistisch hinzustellen. Es genügt, wenn die Beteiligten erfahren: Wir stellen uns für dieses Spiel die Lage so vor, auch wenn sie in der Wirklichkeit so nicht vorkommt. Sie ist uns eine Hilfe, das Problem durchzuarbeiten und verhindert vorschnelle Scheinlösungen.

Es ist gut, den Spielern einzuschärfen: Jeder soll seinen Schlüssel nur dann abgeben oder einen Schlüssel, der bei ihm durchläuft, nur dann weiterreichen, wenn er mit der Lösung wirklich einverstanden ist und wenn er den andern vertrauen kann, daß sie ihn nicht mißbrauchen. Es wäre ja auch möglich, daß einer, der seinen Schlüssel erhalten hat, davonläuft und die andern sitzen läßt.

Gelegentlich kommt es vor, daß trotz dieses Hinweises die Schlüssel viel zu schnell ausgetauscht werden. Im folgenden Gespräch zeigt sich dann, daß die Lösung lange nicht für alle Spieler befriedigend aussieht. Die Gruppe wünscht normalerweise selbst, das Spiel noch einmal zu spielen, evtl. mit anderer Rollenverteilung. So wird gründliche und sachliche Verarbeitung von gegenseitiger Schuld trainiert und gelernt.

Übrigens: Daß auch im Katechismus etwas vom „Amt der Schlüssel" steht, ist mir erst nachträglich eingefallen. Ich meine aber, daß die Parallele der Schlüsselsymbolik nicht nur zufällig ist, sondern auf einen sachlichen Zusammenhang hinweist.

Als Inhalt des Schlüsselspiels läßt sich jede Situation verwenden, bei der vier oder mehr Personen sich gegenseitig etwas angetan haben und nun die Chance bekommen, ihr Zusammenleben neu zu gestalten.

Bei dem folgenden Vorschlag spielen 5 Personen mit. Sie sitzen in folgender Ordnung:

Heidi	Frau Klamm	Peter	Herr Klamm	Harald
Peter	Herr Klamm	Harald	Heidi	Frau Klamm

Jeder Spieler erhält vor dem Spiel seine Information und muß Zeit haben, sie genau zu studieren. Dann werden die Spieler in die Zellen eingewiesen und erhalten die Schlüssel. Sie bekommen den Auftrag, ihre Beziehungen neu zu klären und nach einer Möglichkeit des Zusammenlebens zu suchen.

Informationen

Herr Klamm

Es spielen mit: Herr Klamm, 45 Jahre
Frau Klamm, 40 Jahre
Peter Klamm, 18 Jahre, der Sohn von Herrn und Frau
Klamm
Heidi Pfeifer, 17 Jahre, Peters Freundin
Harald Fein, 20 Jahre, Peters Freund

In der Nacht von Freitag auf Samstag ist Peter von der Polizei festgenommen worden. Er war in den Laden seiner Großmutter (Frau Klamms Mutter) eingestiegen, hatte die Kasse aufgebrochen und das Geld entnommen.
Am Freitagabend war folgendes geschehen:
Herr Klamm hatte mit Peter wieder einmal einen großen Krach. Es ging um seine Freundin Heidi. Heidi ist seit einem Jahr mit Peter befreundet. Das gefällt Herrn Klamm gar nicht. Er findet das Mädchen albern, unreif und leichtsinnig. Er würde seinem Sohn eine bessere Frau wünschen als ausgerechnet Heidi. Aber Peter hört ja nicht auf ihn. Tausendmal hat er ihm schon klarmachen wollen, daß die Heidi nichts für ihn ist. Das Ergebnis war immer nur ein großer Krach. Wenn nur wenigstens seine Frau ihn unterstützen würde, aber die fällt im entscheidenden Moment immer um und hilft zu Peter. Es ist zum Auswachsen.
Am Freitagabend gab es also wieder einmal so einen Krach. Peter schrie Herrn Klamm an und war so unverschämt wie noch nie. Schließlich rannte er aus dem Haus und kam nicht wieder. Die Polizei berichtete später, daß Peter wegen des Einbruchs festgenommen ist und daß die Großmutter mit einem schweren Schock im Krankenhaus liegt.

Frau Klamm

Es spielen mit: Herr Klamm, 45 Jahre
Frau Klamm, 40 Jahre
Peter Klamm, 18 Jahre, der Sohn von Herrn und Frau
Klamm
Heidi Pfeifer, 17 Jahre, Peters Freundin
Harald Fein, 20 Jahre, Peters Freund

In der Nacht von Freitag auf Samstag ist Peter von der Polizei festgenommen worden. Er war in den Laden seiner Großmutter (Frau Klamms Mutter) eingestiegen, hatte die Kasse aufgebrochen und das Geld entnommen. Die Großmutter hat ihn dabei erwischt und durch den Schrecken einen Schock erlitten. Jetzt liegt sie im Krankenhaus. Sie war vorher schon herzleidend, und man muß befürchten, daß sie stirbt. Frau Klamm kann es nicht fassen, daß Peter ihrer Mutter das angetan hat. Bis jetzt bringt sie es noch nicht fertig, Peter in der Haft zu besuchen.

Am Freitagabend war folgendes geschehen:
Peter hatte einen großen Krach mit seinem Vater. Es ging, wie immer, um Heidi, Peters Freundin. Die beiden kennen sich seit einem Jahr. Aber der Vater hat dieses Mädchen nie leiden können. Er versuchte immer wieder, Peter von ihr abzubringen. Aber Peter blieb stur, und so gab es dann meistens einen Krach.

Frau Klamm hat dabei immer versucht, zwischen Vater und Sohn zu vermitteln, einmal den einen zu verstehen und einmal den anderen, aber das half nicht. Oft wurde sie dann von allen beiden angeschrien.

Immer, wenn Heidi zu Besuch kam, hatte sie schreckliche Angst, daß ihr Mann das Mädchen beleidigen könnte. Bis jetzt waren diese Besuche zwar ohne offenen Krach verlaufen, aber oft war es nahe daran gewesen.

Am Freitagabend wußte Frau Klamm, daß Heidi kommen wollte, um Peter abzuholen. Vater und Sohn schrien sich an und waren so erregt, daß Frau Klamm noch mehr Angst bekam: Wenn das Mädchen jetzt hereinkommt, wird sich mein Mann sicher nicht mehr beherrschen können, dachte sie. Als Heidi läutete, lief sie ihr zur Haustür entgegen, ließ sie gar nicht erst eintreten, sondern sagte: Peter ist nicht zuhause. Er ist weggegangen. Ihrem Mann und Peter sagte sie davon nichts.

Ein paar Minuten später rannte Peter wütend aus dem Haus. Von der Polizei erfuhr sie am anderen Morgen, was er getan hatte.

Peter

Es spielen mit: Herr Klamm, 45 Jahre
Frau Klamm, 40 Jahre
Peter Klamm, 18 Jahre, der Sohn von Herrn und Frau
Klamm
Heidi Pfeifer, 17 Jahre, Peters Freundin
Harald Fein, 20 Jahre, Peters Freund

In der Nacht von Freitag auf Samstag ist Peter von der Polizei festgenommen worden. Er war in den Laden seiner Großmutter (Frau Klamms Mutter) eingestiegen, hatte die Kasse aufgebrochen und das Geld entnommen.

Vorher war folgendes geschehen:
Peter ist seit einem Jahr mit Heidi befreundet. Beide hatten vor, später einmal zu heiraten. Peters Vater aber konnte das Mädchen nicht leiden. Ständig hatte er etwas an ihr auszusetzen: Sie sei albern, unreif, leichtsinnig usw. Peter ärgert das natürlich, und er wehrt sich energisch gegen diese Vorwürfe. Darum gibt es oft Krach mit dem Vater. Die Mutter versucht immer, den Streit zu schlichten, aber bei ihr weiß man nie, zu wem sie eigentlich hält. Einmal hilft sie zu ihrem Mann, dann wieder zu Peter.

Am Freitag wollte Peter mit Heidi ins Kino gehen. Sie hatten ausgemacht, daß Heidi vorher zu Peter in die Wohnung kommt. An diesem Abend —

Heidi war noch nicht gekommen – fing der Vater wieder einmal über sie
zu meckern an. Peter bekam eine Wut und schrie den Vater an. Es gab
einen Riesenkrach. Schließlich rannte Peter wütend aus dem Haus. Er wollte auf der Straße auf Heidi warten. Aber sie kam nicht. Schließlich kam
ein Bekannter vorbei, der erzählte ihm: Ich habe Heidi gesehen. Sie saß
neben Harald in seinem schicken Sportwagen.
Harald ist ein Freund von Peter. Er hat einen reichen Vater und kann sich
deswegen den Wagen leisten. Peter hat schon lange auf ein Auto gespart,
aber noch nicht alles Geld beisammen. Er wußte, daß Harald die Heidi
ganz gern sieht. Nun war sie also mit ihm weggefahren.
Voller Wut und Enttäuschung lief Peter stundenlang durch die Straßen.
Plötzlich stand er vor dem kleinen Laden, der seiner Großmutter gehört.
Er verlor die Nerven. Er schlug das Fenster ein und stieg ein. Er wußte,
wo die Kasse ist. Er brach sie auf, nahm alles Geld heraus. Vielleicht
reicht es, um das Auto zu kaufen!
Da hörte er plötzlich hinter sich ein Geräusch. Blindlings haute er ab.
Draußen hörte der die Polizeisirene. Er warf das Geld unter einen Busch
und rannte. Ein Polizist packte ihn und führte ihn ab.

Harald

Es spielen mit: Herr Klamm, 45 Jahre
Frau Klamm, 40 Jahre
Peter Klamm, 18 Jahre, der Sohn von Herrn und Frau
     Klamm
Heidi Pfeifer, 17 Jahre, Peters Freundin
Harald Fein, 20 Jahre, Peters Freund

Harald stammt aus einer reichen Familie und kann sich deswegen einen
modernen Sportwagen leisten, auf den er sehr stolz ist. Er kennt Peter
und seine Freundin Heidi. Harald war gelegentlich ein bißchen in Heidi
verliebt, aber er wußte, daß sie eng mit Peter befreundet war und daß die
beiden später heiraten wollten. Am Freitagabend fuhr er mit seinem Wagen so durch die Straßen und sah Heidi mit einem traurigen Gesicht da-
herkommen. Er fragte sie, ob sie nicht ein bißchen mitfahren wollte. Sie
stieg ein und sie fuhren zu einem netten Lokal. Dort erzählte ihm die
Heidi, was sie so niedergeschlagen machte: Einmal waren Peters Eltern
immer so abweisend zu ihr, und jetzt hatte sie auch noch Peter selbst im
Stich gelassen: Sie hatten ausgemacht, zusammen ins Kino zu gehen, und
als Heidi ihn abholen wollte, war er nicht da. Harald bekam Mitleid mit
Heidi und hatte sie plötzlich wieder sehr gern. Er tröstete sie und sagte:
Vielleicht ist der Peter doch nicht der Richtige für dich? Er erzählte ihr
von seinen Eltern, daß sie viel netter und freundlicher sind, wenn er jemand mit nachhause bringt. Heidi schien sich bei Harald sehr wohl zu fühlen. Als er sie nachhause brachte, wünschte er sich sehr, sie öfter zu sehen.

Heidi

Es spielen mit: Herr Klamm, 45 Jahre
Frau Klamm, 40 Jahre
Peter Klamm, 18 Jahre, der Sohn von Herrn und Frau
Klamm
Heidi Pfeifer, 17 Jahre, Peters Freundin
Harald Fein, 20 Jahre, Peters Freund

Heidi ist seit einem Jahr mit Peter befreundet. Beide hatten vor, später
einmal zu heiraten. Peters Eltern scheinen aber etwas dagegen zu haben.
Immer wenn Heidi bei Peter zu Besuch war, spürte sie deutlich, daß sie
nicht erwünscht war. Besonders Peters Vater war immer sehr kurz ange-
bunden.
Am Freitag wollte Heidi mit Peter ins Kino gehen. Sie hatten ausgemacht,
daß Heidi vorher zu Peter in die Wohnung kommen sollte. Als sie zur
verabredeten Zeit klingelte, kam Peters Mutter ihr unten an der Haustür
entgegen. Sie sagte: Peter ist nicht zuhause. Er ist weggegangen.
Heidi war ziemlich sauer. Es war doch ausgemacht! Wie sie die Straße ent-
langlief, hielt neben ihr ein moderner Sportwagen. Harald saß drin. Harald
war mit Peter befreundet und konnte Heidi recht gut leiden. Er lud sie ein,
und sie fuhren ein Stück hinaus zu einem hübschen Lokal. Dort erzählte
Heidi dem Harald ihren ganzen Kummer: Wie sie von Peters Eltern behandelt wurde und wie sie jetzt auch noch von Peter selbst versetzt worden
war. Harald war sehr lieb zu ihr und tröstete sie. Er sagte: Vielleicht ist
Peter doch nicht der Richtige für dich? und erzählte von seinen Eltern,
die viel netter und freundlicher seien, wenn er jemand mit nachhause
bringt.
Der Heidi tat das alles sehr wohl, Harald war so nett, und auch der Sportwagen, den er fährt, war eine Schau. Langsam überlegte sie sich, ob sie
nicht wirklich mit Peter Schluß machen sollte.

Wenn das Spiel eine Zeitlang gelaufen ist, wird der Gruppe folgender Brief übergeben:

An Familie Klamm

Meine Lieben!
Ich möchte Euch gern mitteilen, daß es mir seit heute früh wieder recht
gut geht. Der Arzt meint, ich hätte das Schlimmste überstanden und werde bald wieder gesund sein. Ich habe gehört, daß Peter der Einbrecher gewesen ist. Wenn ich das gewußt hätte, hätte ich die Polizei nicht gerufen.
Jetzt läßt sich leider eine Gerichtsverhandlung nicht mehr vermeiden,
aber ich werde mich vor Gericht für Peter einsetzen, so gut ich kann. Denn
sicher ist Peter nicht allein schuld an der dummen Geschichte. Und vielleicht ist sie für Euch alle ein Anlaß, einmal über all die Streitereien nachzudenken und Euer Zusammenleben neu zu gestalten. Darüber wäre ich
sehr glücklich, und das wäre mir auch das Geld wert, das ich bis jetzt noch
nicht zurückbekommen habe.
In der Hoffnung, daß wir uns bald alle wiedersehen, grüßt Euch Eure Oma

Dieser Brief macht die Möglichkeit eines neuen Anfangs noch einmal deutlich. Das weitere Gespräch wird beeinflußt durch die Freude, daß die schlimmste Folge nun doch nicht eingetreten ist.

■

Für die Auswertung des Sündenbock- und des Schlüsselspiels kann
eine statistische Erfassung der Interaktionen hilfreich sein. Man
teilt für jeden Spieler einen Beobachter ein, der sinnvollerweise
auch die Information des Betreffenden kennt, und läßt ihn für jeden Gesprächsbeitrag einen Strich in den folgenden Auswertungsbogen eintragen. Man kann dann die Schwerpunkte bei den einzelnen Spielern vergleichen und nach dem Zusammenhang mit dem
Ergebnis des Spiels fragen. Ebenso kann man die Auswertungen der
beiden Spiele miteinander vergleichen und Schlußfolgerungen über
den Ertrag der verschiedenen Verhaltensweisen ziehen.
Evtl. könnte der Auswertungsbogen auch für die theologische Frage hilfreich sein: Welches Ergebnis käme vermutlich bei Jesus, bei
seinen Freunden und Feinden, bei seiner Gemeinde heraus? Durch
diese Überlegung könnte zB. der Unterschied zwischen Jesus und
den anderen ,,Sündenböcken" deutlicher werden.

Auswertungsbogen

Beobachteter Spieler	verteidigt sich sachlich	unsachlich	gibt eigene Fehler zu sachlich	unsachlich

Andere Spieler	greift andere an sachlich	unsachlich	hilft anderen sachlich	unsachlich
1.				
2.				
3.				
4.				

	hetzt zwei andere gegeneinander auf		vermittelt zwischen zwei anderen	
	1	2	1	2
	4	3	4	3

Anleitung: In der linken Spalte werden die Namen des beobachteten und der übrigen Spieler eingetragen. Jedesmal, wenn der beobachtete Spieler etwas sagt, wird ein Strich in das passende Kästchen gesetzt. Die waagrechten Zeilen 1. - 4. betreffen die Spieler, die der Beobachtete angreift oder denen er hilft. Also *kein* Strich, wenn zB. Spieler Nr. 3 etwas sagt, sondern nur, wenn der Beobachtete zu ihm etwas sagt: Dann Strich in die 3. Zeile. Bei den Kästchen „hetzt auf" und „vermittelt" jeweils eine Verbindungslinie zwischen den Nummern der beiden Spieler ziehen, die der Beobachtete gegeneinander aufgehetzt oder zwischen denen er vermittelt hat.

Betriebsklima

79

Der Sinn des Spieles ist, daß zwei Spielgruppen getrennt dieselbe Konfliktlage durchspielen, allerdings von einem verschiedenen Erlebnishintergrund her. Wenn es den Spielern gelingt, sich in den jeweiligen Erlebnishintergrund hineinzuversetzen, werden beide Lösungsversuche sehr verschieden aussehen. Daraus ergibt sich für die Zuschauer, die den Erlebnishintergrund nicht kennen, die Frage nach dem Betriebsklima, nach dem „Geist", der hier und dort herrscht.

Jede Spielgruppe besteht aus vier Spielern. Sie verkörpern den Seniorchef, den Juniorchef, den Buchhalter und den Mechaniker eines Radiogeschäfts. Jeder Spieler erhält eine schriftliche Information.

Natürlich kann man auch aus dem Buchhalter eine Buchhalterin und aus dem Chef eine Chefin machen; man muß nur die Informationen entsprechend ändern.

Die Rollen verteilt man eine Stunde vor dem Spiel, damit die Spieler genügend Zeit haben, sich in die „entscheidenden Erfahrungen" der Leute, die sie spielen sollen, zu vertiefen. Am besten nimmt man die Spieler von Haller sen., Haller jun. und Schmidt für sich und bespricht mit ihnen den Sinn ihrer Information: Sie sollen nicht im Spiel davon erzählen, sondern sich in die Lage von Menschen versetzen, die das erlebt haben, und entsprechend spielen.

Bei diesem Spiel muß besonders betont werden, daß jeder nur seine eigene Information lesen darf. Auch die Zuschauer sollen von ihrem Inhalt nichts wissen.

Für das Spiel ist ein Nebenraum nötig, in dem sich alle im Augenblick nicht beteiligten Spieler aufhalten. Die Spielgruppe B darf beim Spiel A nicht zuschauen. Man kann es evtl. auf Tonband aufnehmen, damit sie es hinterher hören können. Wenn Gruppe A fertiggespielt hat, kann sie beim Spiel B unter den Zuschauern bleiben.

Den Spielern wird erklärt, daß das Spiel bei Schmidt beginnt, und daß er und später alle, die ins Spiel gezogen werden, mit jedem beliebigen Spieler der Gruppe sprechen können, einzeln oder auch zu mehreren. Wer mit einem anderen sprechen will, ruft ihn aus dem Nebenraum und redet mit ihm vor den Zuschauern.

Nun beginnt das Spiel: Schmidt sitzt am Tisch mit einem Telefon und erhält einen Anruf von einem Herrn Ehrmann (= Spielleiter):

> „Ich hätte eine Frage wegen der Rechnung, die Sie mir gestern zugeschickt haben. Sie haben mir vor einigen Wochen einen Farbfernseher geliefert, Ihr Mechaniker hat ihn in unserer Wohnung angeschlossen und die 1.800 DM gleich kassiert. Wieso schicken Sie mir jetzt noch einmal eine Rechnung?"

Der weitere Verlauf ist den Spielern überlassen. Wenn Gruppe A zuende gespielt hat, beginnt Gruppe B ihr Spiel ebenso wie Gruppe A. Ein Durchgang kann eine halbe Stunde oder länger dauern. Man braucht deshalb für das ganze Experiment mindestens eine Doppelstunde (90 Minuten). Wenn die Zeit knapp ist, kann man das Spiel nach einer bestimmten Zeit abbrechen. Das Betriebsklima, auf das es ankommt, kann trotzdem deutlich werden.

Unter Umständen kann der Spielleiter zwischendurch eingreifen, indem er einen weiteren Anruf von Herrn Ehrmann fingiert. Er kann zB. mitteilen, daß er inzwischen die Quittung mit der Unterschrift des Mechanikers Gruber gefunden habe. Dieser Anruf bewirkt, daß sich der Mechaniker nicht mehr herausreden kann und die Unterschlagung zugeben muß. Für den Vergleich der beiden Szenen ist es wichtig, daß beidemale die Unterschlagung Grubers zur Debatte steht. Wenn die Spieler irgendjemanden, nur nicht Gruber verdächtigen, verfehlt das Spiel seinen Zweck.

Informationen

SPIELGRUPPE A   **Haller sen.**

Es spielen mit: Haller sen., Besitzer eines Radiogeschäfts. Er hat die Geschäftsführung seinem Sohn übertragen und kommt nur gelegentlich ins Geschäft.
Haller jun., sein Sohn, Leiter des Geschäfts
Schmidt, Buchhalter
Gruber, Mechaniker

Du spielst *Haller sen.* Damit du weißt, wie du ihn spielen kannst, lies vor dem Spiel die entscheidenden Erfahrungen seines Lebens durch und versuche, dich in ihn hineinzuversetzen:

„Ich habe ganz klein angefangen als Elektromechaniker. Habe eisern gespart, um mir meine Existenz aufzubauen. Geschenkt hat mir niemand was. Vor dem Krieg habe ich ein kleines Geschäft eröffnet. Es ging schlecht. Ich war nicht konkurrenzfähig gegen die großen Geschäfte. Manchmal stand ich nahe am Bankrott. — Im Krieg wurde mein Laden zerbombt. Ich mußte von vorn anfangen. Jede Minute mußte ich für mein Geschäft verwenden. Meine Familie hat von mir nicht viel gehabt. Meine

Frau wollte sich deswegen beinahe scheiden lassen. Aber da kam zum Glück der Aufschwung, bessere Geschäfte, mehr Geld. Da hat sie dann die Klage zurückgezogen, weil sie merkte, daß so für sie mehr raussprang. Jetzt hab ichs geschafft. Meinen Betrieb kann mir keiner mehr kaputtmachen."

SPIELGRUPPE A   Haller jun.

Es spielen mit: Haller sen., Besitzer eines Radiogeschäfts. Er hat die Geschäftsführung seinem Sohn übertragen und kommt nur gelegentlich ins Geschäft.
Haller jun., sein Sohn, Leiter des Geschäfts
Schmidt, Buchhalter
Gruber, Mechaniker

Du spielst *Haller jun.* Damit du weißt, wie du ihn spielen kannst, lies vor dem Spiel die entscheidenden Erfahrungen seines Lebens durch und versuche, dich in ihn hineinzuversetzen:

„Mein Vater war irrsinnig streng und stur. Und geizig dazu. Nie hab ich von ihm ein gutes Wort gehört. Finanziell hat er mich immer kurz gehalten. Er kannte nur sein Geschäft. Meine Mutter hat einmal die Nerven verloren und wollte sich scheiden lassen. Es wäre besser gewesen, wenn sie es getan hätte. Aber dann ging das Geschäft plötzlich besser als erwartet, da blieb sie lieber. So hat sie eben doch ein bequemeres Leben.

Ich selber wollte eigentlich Ingenieur werden, aber mein Vater steckte mich auf die Handelsschule. Ich mußte hier mitarbeiten und die Geschäfte führen. Richtig bezahlt hat er mich nicht. Du hast doch alles, was du brauchst, sagte er immer. Dafür macht er mir jedesmal einen Saukrach, wenn im Geschäft was schief geht. Als ob ich an allem schuld wäre. – Inzwischen ist es ein bißchen besser, weil er sich nicht mehr gar so viel reinmischt. Aber aus der Hand gibt er sein Geschäft nicht. Na ja, eines Tages gehört mir der Laden allein."

SPIELGRUPPE A   Schmidt

Es spielen mit: Haller sen., Besitzer eines Radiogeschäfts. Er hat die Geschäftsführung seinem Sohn übertragen und kommt nur gelegentlich ins Geschäft.
Haller jun., sein Sohn, Leiter des Geschäfts
Schmidt, Buchhalter
Gruber, Mechaniker

Du spielst den Buchhalter *Schmidt.* Du registrierst die Rechnungen und verwaltest die Kasse. Vor einigen Tagen hast du an einen alten Kunden, Herrn Ehrmann, eine Rechnung von 1800 DM geschickt. Er hatte einen Fernseher bestellt, Gruber hatte ihn geliefert und angeschlossen, aber nach deinen Unterlagen ist das Geld dafür noch nicht eingegangen.

Damit du weißt, wie du den Buchhalter Schmidt spielen kannst, lies vor dem Spiel die entscheidenden Erfahrungen seines Lebens durch und versuche, dich in ihn hineinzuversetzen:

„Ich bin immer noch unverheiratet, obwohl ich schon fast 30 bin. Vielleicht heirate ich überhaupt nicht. Allein kommt man sowieso besser durch. Ich hatte mal ein Mädchen, das sagte, es würde mich heiraten. Kurz darauf habe ich sie mit einem Kollegen erwischt, wie sie sich abknutschten. Ich war damals völlig k.o. und lief zu meinem Freund, weil ich dachte, der könnte mir vielleicht helfen. Aber der machte nur blöde Sprüche und lachte mich aus. Man muß eben mit seinen Problemen selber fertig werden."

SPIELGRUPPE A   **Gruber**

Es spielen mit: Haller sen., Besitzer eines Radiogeschäfts. Er hat die
                    Geschäftsführung seinem Sohn übertragen
                    und kommt nur gelegentlich ins Geschäft.
                    Haller jun., sein Sohn, Leiter der Geschäfts
                    Schmidt, Buchhalter
                    Gruber, Mechaniker

Du spielst den Mechaniker *Gruber.* Du arbeitest in der Werkstatt und machst Reparaturen, gelegentlich lieferst du ein Gerät dem Kunden ins Haus und schließt es an.
Du bist verheiratet, hast 3 Kinder. Vor einem halben Jahr hast du eine andere Frau kennengelernt und mit ihr ein Verhältnis angefangen. Die Frau hat dich ausgenützt nach Strich und Faden. Du hast ihr alles mögliche gekauft, einen Haufen Schulden gemacht, und du weißt nicht, wie du da wieder rauskommen sollst. Deine Frau weiß nichts von diesem Verhältnis. Es wäre dir furchtbar, wenn sie es erfahren würde. Du tust alles, damit sie nichts merkt.
Nun hast du vor 3 Wochen einen Farbfernseher an einen alten Kunden, Herrn Ehrmann, geliefert und angeschlossen. Du hast von ihm 1800 DM kassiert und sie nicht im Geschäft abgeliefert, sondern damit deine Schulden bezahlt. Nun hast du natürlich Angst, daß alles aufkommt. Früher oder später werden sie im Geschäft merken, daß der Betrag fehlt.

SPIELGRUPPE B   **Haller sen.**

Es spielen mit: Haller sen., Besitzer eines Radiogeschäfts. Er hat die
                    Geschäftsführung seinem Sohn übertragen
                    und kommt nur gelegentlich ins Geschäft.
                    Haller jun., sein Sohn, Leiter des Geschäfts
                    Schmidt, Buchhalter
                    Gruber, Mechaniker

Du spielst *Haller sen.* Damit du weißt, wie du ihn spielen kannst, lies vor dem Spiel die entscheidenden Erfahrungen seines Lebens durch und versuche, dich in ihn hineinzuversetzen:

„Als Lehrling war ich ein Versager. Habe dauernd die Stelle gewechselt, streckenweise überhaupt nicht gearbeitet, gelegentlich bin ich bei Lehr-

stellen rausgeflogen. Schließlich bin ich ausgerissen von zuhause, hab
mich mit Gelegenheitsarbeiten durchgeschlagen, mal hier, mal dort.
Schließlich bin ich in ein Elektrogeschäft reingekommen. Der Chef nahm
mich, obwohl ich sicher keinen guten Eindruck machte. Ich wollte auch
bald wieder weg. Er merkte das. Er holte mich in sein Büro und redete
lange mit mir. Ich merkte, daß er ein ganz prima Kerl war. Ich bin bei ihm
geblieben. Habe meine Lehre zuende gemacht. Dh. einmal hat michs doch
noch gepackt, und ich bin weggelaufen. Aber als ich ein paar Tage später
wieder dastand, nahm er mich wieder. Ihm verdanke ich eigentlich alles,
was ich dann später erreicht habe. Ohne ihn wäre nichts aus mir geworden. Aber so hab ich es geschafft, bin selbständig, hab meinen eigenen
Laden. Obwohl es manchmal schwierig war, besonders in der Kriegszeit,
hab ichs geschafft."

SPIELGRUPPE B   **Haller jun.**

Es spielen mit: Haller sen., Besitzer eines Radiogeschäfts. Er hat die
                  Geschäftsführung seinem Sohn übertragen
                  und kommt nur gelegentlich ins Geschäft.
                  Haller jun., sein Sohn, Leiter des Geschäfts
                  Schmidt, Buchhalter
                  Gruber, Mechaniker

Du spielst *Haller jun.* Damit du weißt, wie du ihn spielen kannst, lies
vor dem Spiel die entscheidenden Erfahrungen seines Lebens durch
und versuche, dich in ihn hineinzuversetzen:

„Ich habs sehr gut gehabt bei meinen Eltern. Ich meine jetzt nicht finanziell, da war es anfangs sehr schwierig. Wir mußten sehr sparsam leben,
weil das Geschäft noch nicht so gut ging. Aber rein menschlich waren
meine Eltern großartig. ZB. hat mich mein Vater nie dazu gezwungen,
in seinem Geschäft zu arbeiten, obwohl er alleine kaum durchkam. Er
meinte, ich sollte mein Leben so gestalten, wie es mir selber zusagt. So
hab ich erst mal Maschinenbau studiert und mir die Welt ein bißchen angesehen, und mein Vater hat mir finanziell geholfen, so gut es ging. Dann
bin ich doch wieder hier im Geschäft eingestiegen. Einfach weil man mit
meinem Vater so gut zusammenarbeiten kann. Inzwischen sind wir richtige Kumpel geworden, planen alle größeren Sachen gemeinsam, und in
meiner Arbeit bin ich völlig selbständig."

SPIELGRUPPE B   **Schmidt**

Es spielen mit: Haller sen., Besitzer eines Radiogeschäfts. Er hat die
                  Geschäftsführung seinem Sohn übertragen
                  und kommt nur gelegentlich ins Geschäft.
                  Haller jun., sein Sohn, Leiter des Geschäfts
                  Schmidt, Buchhalter
                  Gruber, Mechaniker

Du spielst den Buchhalter *Schmidt.* Du registrierst die Rechnungen und
verwaltest die Kasse. Vor einigen Tagen hast du an einen alten Kunden,

Herrn Ehrmann, eine Rechnung von 1800 DM geschickt. Er hatte einen Fernseher bestellt, Gruber hatte ihn geliefert und angeschlossen, aber nach deinen Unterlagen ist das Geld dafür noch nicht eingegangen.

Damit du weißt, wie du den Buchhalter Schmidt spielen kannst, lies vor dem Spiel das entscheidende Erlebnis seines Lebens durch und versuche, dich in ihn hineinzuversetzen:

,,Ich wäre wahrscheinlich jetzt nicht mehr am Leben, wenn mich damals dieser junge Mann nicht rechtzeitig erwischt hätte. Das war so: Ich hatte eine furchtbare Enttäuschung mit einem Mädchen erlebt. Ich war völlig durcheinander. Ich lief durch die Stadt, rannte immer um mich her, rannte blindlings über eine Straße — da packte mich plötzlich jemand und riß mich zurück. Dicht neben mir quietschten die Bremsen eines Omnibusses. Ich wäre ihm direkt vor die Räder gelaufen. Ich war so benommen, daß ich mich bei dem jungen Mann gar nicht bedanken konnte. Er ging weg, und ich habe ihn nie mehr gesehen. Aber ich hab ihn nicht vergessen. Oft muß ich daran denken, was passiert wäre, wenn er nicht dagewesen wäre.''

SPIELGRUPPE B   **Gruber**

Es spielen mit: Haller sen., Besitzer eines Radiogeschäfts. Er hat die
                   Geschäftsführung seinem Sohn übertragen
                   und kommt nur gelegentlich ins Geschäft.
                   Haller jun., sein Sohn, Leiter des Geschäfts
                   Schmidt, Buchhalter
                   Gruber, Mechaniker

Du spielst den Mechaniker *Gruber.* Du arbeitest in der Werkstatt und machst Reparaturen, gelegentlich lieferst du ein Gerät dem Kunden ins Haus und schließt es an.
Du bist verheiratet, hast 3 Kinder. Vor einem halben Jahr hast du eine andere Frau kennengelernt und mit ihr ein Verhältnis angefangen. Die Frau hat dich ausgenützt nach Strich und Faden. Du hast ihr alles mögliche gekauft, einen Haufen Schulden gemacht, und du weißt nicht, wie du da wieder rauskommen sollst. Deine Frau weiß nichts von diesem Verhältnis. Es wäre dir furchtbar, wenn sie es erfahren würde. Du tust alles, damit sie nichts merkt.
Nun hast du vor 3 Wochen einen Farbfernseher an einen alten Kunden, Herrn Ehrmann, geliefert und angeschlossen. Du hast von ihm 1800 DM kassiert und sie nicht im Geschäft abgeliefert, sondern damit deine Schulden bezahlt. Nun hast du natürlich Angst, daß alles aufkommt. Früher oder später werden sie im Geschäft merken, daß der Betrag fehlt.

Die Zuschauer erleben beide Spiele, ohne den Hintergrund zu kennen. Wenn die Spieler entsprechend ihren ,,entscheidenden Erfahrungen'' agieren, werden die Unterschiede auffallen. Bei der Nachbesprechung charakterisieren also die Zuschauer zunächst die Eigen-

art der beiden Szenen. Was für ein Geist herrscht bei der Firma
Haller, das erste und das zweite Mal? Wie kommt es, daß er beidemale so verschieden ist?
Nun lesen die Spieler ihre „entscheidenden Erfahrungen" vor. Die
Gruppe diskutiert über den Zusammenhang von eigenen Erlebnis-
sen und der Art, wie man andere behandelt. Wer Liebe und Verständnis erfahren hat, kann andere lieben und verstehen. Wer hart
und rücksichtslos behandelt worden ist, wird auch gegen andere
hart und rücksichtslos sein. Der Geist, der in einer Gruppe spürbar
ist, hängt mit den guten und schlechten Erfahrungen der Mitglieder zusammen.
Von da aus läßt sich die Verbindung zur Wirksamkeit des heiligen
Geistes ziehen: Wo in einem Menschen oder in einer Gruppe die
Liebe, die uns Christus zuwendet, so lebendig wird, daß sie das
Verhalten, den Umgang mit anderen Menschen, neu gestaltet, da
reden wir vom heiligen Geist. Sicher ist damit noch nicht alles über
den Geist Gottes gesagt. Aber es wird doch – im Gegensatz zu
einem magisch-abstrakten Verständnis – ein wichtiger Aspekt nachvollziehbar: Der Geist als die ansteckende, verändernde Liebe Christi, die von Mensch zu Mensch weitergegeben wird und weiterwirkt.

Das Experiment BETRIEBSKLIMA gelingt nicht immer. Wenn man
Pech hat, behandelt die Gruppe A den Mechaniker viel nachsichti-
ger als die Gruppe B. Das liegt einfach daran, daß die persönliche
Eigenart der Spieler nicht durch eine kurze Information über die
Lebenserfahrungen der Rollenfigur ausgeschaltet werden kann. Man
hat dann immer noch die Möglichkeit, die Informationen vorzulesen
und die Zuschauer zu fragen, welches Verhalten sie aufgrund der
Vorgeschichte von den einzelnen Spielern erwartet hätten. Auf diese Weise kommt man auch zum Ziel, wenn auch nicht so befriedigend wie bei einem gelungenen Experiment.

5. Eine gruppendynamische Übung: Beschluß durch Konsens

Das NASA-Spiel
80

Dies ist eigentlich eine Übung für Erwachsene, besonders für Gruppen, die Beschlüsse zu fassen und Entscheidungen zu treffen haben
und ihre diesbezüglichen Fähigkeiten erfahren und trainieren wollen. So wurde das NASA-Spiel zB. von einem neugewählten Kirchenvorstand auf seiner ersten Arbeitstagung mit großem Erfolg gespielt.
Es kann auch mit Jugendlichen durchgeführt werden und wird bei

ihnen immer gut ankommen. Seinen eigentlichen Zweck wird es aber erst erfüllen, wenn die Gruppe das Spiel zum Anlaß nimmt, um über ihre Verhaltensweisen nachzudenken. So könnte etwa in einer entschlußlosen Jugendgruppe plötzlich deutlich werden, warum sie nichts Vernünftiges zustande bringt. Manche Schulklassen kommen mit dem Angebot des Lehrers nicht zurande, sich selbst Unterrichtsthemen zu wählen: Immer wenn ein Schüler einen Vorschlag macht, wird er von anderen abgelehnt, und man kann sich nicht einigen. Hier könnte das NASA-Spiel den entscheidenden Anstoß geben.

An der Übung können sich zwei oder mehr Gruppen von etwa 8 Teilnehmern beteiligen. Jeder Teilnehmer erhält auf einem Blatt folgende Aufgabe:

Name: _____

Gruppe: _____

Sie sind Mitglied einer Raumfahrtmannschaft, die ursprünglich geplant hatte, auf der erhellten Oberfläche des Mondes mit einem Mutterschiff zusammenzutreffen. Infolge technischer Schwierigkeiten ist Ihr Raumschiff jedoch gezwungen worden, an einer Stelle zu landen, die etwa 300 km von dem Treffpunkt entfernt liegt. Während der Landung ist viel von der Ausrüstung an Bord beschädigt worden. Da die Aussicht zu überleben davon abhängt, ob Sie das Mutterschiff erreichen, müssen die wichtigsten der vorhandenen Dinge für den 300 km langen Weg gewählt werden. Unten finden Sie eine Liste über 15 Gegenstände, die nach der Landung unbeschädigt geblieben sind. Ihre Aufgabe ist es, diese Gegenstände in eine Rangordnung zu bringen, je nachdem wie wichtig sie sind, um es der Mannschaft zu ermöglichen, den Treffpunkt zu erreichen. Setzen Sie die Nr. 1 neben den wichtigsten Gegenstand, die Nr. 2 neben den zweitwichtigsten usw. bis zur Nr. 15 neben dem unwichtigsten Gegenstand.

	1 Schachtel Streichhölzer
	1 Dose Nahrungskonzentrat
	15 m Nylonseil
	30 m^2 Fallschirmseide
	1 tragbares Heizgerät
	2 Pistolen 7,65 mm
	1 Kiste Trockenmilch
	2 Sauerstofftanks zu je 50 l
	1 Sternkarte (Mondkonstellation)

---

1 Schlauchboot, automatisch aufblasbar durch CO_2-Flaschen

1 Magnetkompaß

22 l Wasser

Signalpatronen (auch im luftleeren Raum zündend)

1 Erste-Hilfe-Koffer mit Injektionsnadeln

1 Fernmeldeempfänger und -sender mit Sonnenbatterien

Dazu wird den Teilnehmern (evtl. schriftlich auf einem zweiten Blatt) zum Verlauf des Spiels folgendes erklärt:

In dieser Übung spielen wir unsere Möglichkeiten, Beschlüsse zu fassen, an einem Modell durch. Wir erfahren dabei, wie sich Beschlüsse sinnvoll durchführen lassen und was für Hindernisse im Weg stehen.

1. Durchgang: Einzelentscheidung

Jeder Teilnehmer versucht allein die gestellte Aufgabe zu lösen. Die ausgefüllten Blätter werden abgegeben. Sie können sich auf einem zweiten Blatt Ihre Lösung notieren.

2. Durchgang: Gruppenentscheidung

Das Ziel ist ein Beschluß der Gruppe, mit dem jedes einzelne Gruppenmitglied einverstanden sein kann. Das bedeutet, daß der Rang jedes der 15 Gegenstände, die für das Überleben notwendig sind, die Zustimmung jedes Gruppenmitgliedes erlangt haben muß, um ein Teil des Gruppenbeschlusses zu werden. Es wird sich nicht in allen Punkten erreichen lassen, daß alle Gruppenmitglieder zu der gleichen Meinung kommen. Wir versuchen aber als Gruppe, jeden Punkt so zu beschließen, daß alle Mitglieder wenigstens teilweise zustimmen können.

Folgende Anhaltspunkte können als Anleitung zur Erzielung eines gemeinsamen Beschlusses dienen:

(1) Ich versuche nicht, meine persönliche Meinung durchzusetzen, sondern mit logischen Argumenten zur Klärung der Aufgabe beizutragen.

(2) Ich ändere meine Auffassung nicht, nur um Einigkeit zu erzielen und Konflikte zu vermeiden. Ich unterstütze nur solche Lösungen, mit denen ich wenigstens teilweise einverstanden bin.

(3) Wir benützen keine technischen Hilfsmittel zur Erreichung von Beschlüssen, wie zB. Mehrheitsabstimmungen, Durchschnitt der

von den einzelnen Mitgliedern festgesetzten Punktzahlen oder Tauschgeschäfte mit Punkten.

(4) Wir betrachten Meinungsverschiedenheiten eher als eine Hilfe als als Hindernis bei der Beschlußfassung.

Eine Stunde steht zur Verfügung, um den Gruppenbeschluß zu erreichen.

3. Durchgang: Repräsentantenentscheidung

Jede Gruppe wählt aus ihrer Mitte zwei Repräsentanten, die nach Meinung der Gruppe am besten mit der Materie umgehen können. Die Repräsentanten aller Gruppen setzen sich zusammen und arbeiten das Ganze noch einmal nach den gleichen Regeln durch. Alle Teilnehmer können dabei zuschauen.

4. Ergebnis

Wir vergleichen Einzelergebnis, Gruppenergebnis und Sachverständigenergebnis.

Die NASA-Fachleute, die diese Übung für das Training von Astronauten entwickelt haben, haben folgende Rangordnung für den Ernstfall aufgestellt:

 1. Sauerstofftanks
 2. Wasser
 3. Sternkarte (notwendig, um die Richtung nicht zu verlieren)
 4. Nahrungskonzentrat
 5. Fernmeldeempfänger und -sender
 6. Nylonseil
 7. Erste-Hilfe-Koffer
 8. Fallschirmseide
 9. Schlauchboot (die CO_2-Flaschen können notfalls durch den Rückstoß zur Fortbewegung verwendet werden)
10. Signalpatronen
11. Pistolen (können auf dem Mond auch als Rückstoßraketen verwendet werden)
12. Trockenmilch
13. Heizgerät (Landung auf der beleuchteten Mondseite!)
14. Magnetkompaß) auf dem Mond wertlos
15. Streichhölzer

Nach dieser Rangliste werden die Ergebnisse bewertet: Man stellt
bei jeder eingetragenen Zahl die Differenz (gleich ob nach oben
oder nach unten) vom NASA-Ergebnis fest und zählt die Fehlpunk-
te zusammen. Um die Einzelergebnisse mit den Gruppenergebnis-
sen vergleichen zu können, hält man am besten die höchste Punktzahl, die niedrigste Punktzahl und den Durchschnitt aller Einzelergebnisse fest. In der Regel zeigt sich eine deutliche Verbesserung
vom Einzelergebnis zum Gruppenergebnis und weiter zum Reprä-
sentantenergebnis.

6. Ein Regelspiel zum Thema Gesetz und Freiheit

Das Mauerspiel
81

Ausgangspunkt für dieses Brettspiel war die Behandlung der Zehn
Gebote in einer fünften Klasse. Ernst Lange hat sie die „Zehn großen Freiheiten" genannt. Ihr Ziel ist, den Menschen zu einer lebendigen Gemeinschaft mit Gott und dem Nächsten zu befreien. Voraussetzung dafür ist der Impuls der Liebe. Wenn er fehlt, werden
die Gebote zu „zehn großen Mauern", die mich hindern, dem Zug
zum Bösen zu folgen. Je mehr die Gebote die Funktion von Mauern
bekommen, desto mehr können sie mich auch gegen Gott und den
Nächsten absichern: Ich tue meine Pflicht, folglich kannst du von
mir nichts mehr verlangen. Der Pharisäer in Luk. 18 klettert mithil-
fe seiner Mauern auf seinen moralischen Turm, gut abgesichert nach
allen Seiten, und „stößt" gleichzeitig den Zöllner, der keine Mauern mehr hat, in die Tiefe. Er „setzt ihn herab", um selber besser
dazustehen.
Christus hat die Mauern der „Gerechten" angegriffen und sich zu
denen gestellt, die abgerutscht waren. Er hat durch die Gemeinschaft mit den „Sündern" den Geboten wieder ihren ursprünglichen
Sinn gegeben: Sie werden durch die Kraft seiner Liebe zu Angebo-
ten, das Leben in Freiheit zu gestalten.
Das Mauerspiel versucht, die Auseinandersetzung zwischen diesen
beiden Lebenseinstellungen, zwischen Gesetz und Freiheit, abzu-
bilden. Es kann von 5 bis 10 Spielern im Alter von 10 Jahren aufwärts gespielt werden.
Das Spielbrett stellt einen Turm dar, eine Art Stufenpyramide:

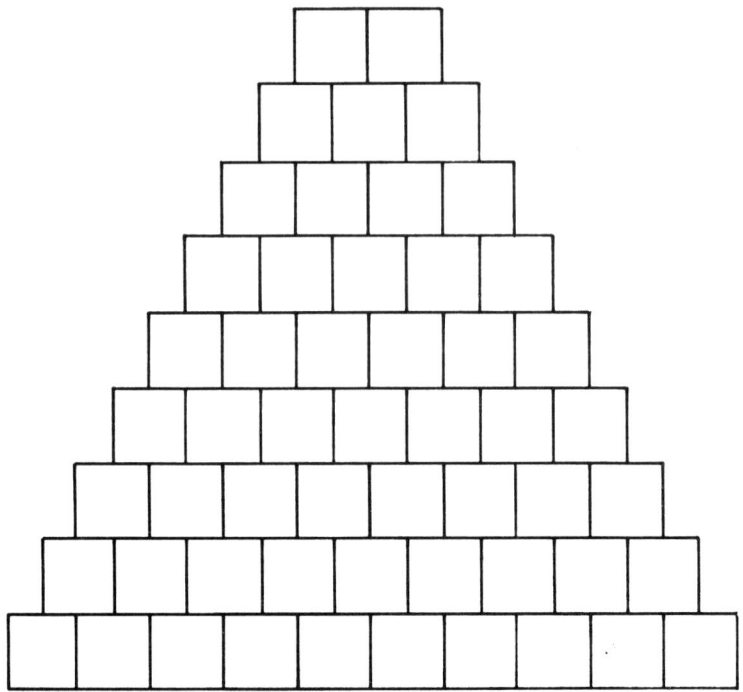

Jeder Spieler hat 5 Mauern von einer Farbe (Stäbchen von der Sei-
tenlänge eines Feldes) und einen Stein. Der Stein hat seitlich die
Farbe des Spielers (wie die Mauern), oben ist er weiß, unten schwarz.
Man kann ihn umdrehen, so daß die schwarze Seite nach oben zeigt.
Ein Spieler hat keine Mauern, dafür eine besonders gekennzeichnete
Figur: den Befreier.
Man kann die Steine leicht herstellen, indem man von einem Besen-
stiel kleine Stücke absägt. Die Mauern lassen sich aus Vierkantstäb-
chen zurechtschneiden.

Spielbeginn:

Zunächst wird ausgelost, wer als erster setzt. Die anderen folgen
der Reihe nach. Jeder setzt seinen Stein mit der weißen Seite nach
oben in ein beliebiges Feld. Anschließend legt er eine seiner Mauern an den Rand eines Feldes, senkrecht oder waagrecht.
Beim ersten Durchgang darf nicht auf die beiden obersten Felder
gesetzt werden und auch nicht unmittelbar neben eine andere Figur.
Der Befreier setzt, wenn die Reihe an ihn kommt, seine Figur auf
eines der beiden obersten Felder, in die Spitze des Turms.
Sind alle Steine gesetzt, so rückt künftig jeder der Reihe nach seine
Figur ein Feld weiter, und wer Mauern hat, setzt anschließend eine
neue Mauer. Wenn alle fünf Mauern im Spiel sind, wird jeweils eine
Mauer von ihrem bisherigen Platz weggenommen und an eine andere Stelle gelegt. Dabei darf jeder Spieler nur seine eigenen Mauern
versetzen.

Im Spiel gibt es nun drei verschiedene Typen, die sich nach verschiedenen Regeln bewegen: Die Weißen, die Schwarzen und den
Befreier.

Die Weißen:
Das sind die moralisch abgesicherten, die Leute mit der ,,weißen
Weste''. Sie sind kenntlich an der weißen Seite ihres Steins, die
nach oben zeigt.
Die Weißen können fallen, mauern, klettern und stoßen.
Fallen: Es zieht die Weißen immer nach unten. Wenn keine Mauer
den Weg nach unten verstellt, *müssen* sie ein Feld nach unten rük-
ken. Ist der Weg nach unten versperrt, ziehen sie seitwärts. Nur
wenn kein Weg nach unten und nach der Seite mehr offen steht,
rücken sie nach oben.
Mauern: Die Weißen verhindern, daß sie fallen, indem sie Mauern
setzen. Nach jedem Zug legen sie eine Mauer möglichst so, daß sie
für den nächsten Zug nach unten abgesichert sind. Mauern können
auch dazu verwendet werden, um andere am Aufsteigen zu hindern oder einzusperren.
Klettern: Hat ein Weißer seine Mauern so um sich herumgelegt, daß
sie ein U bilden, daß also nur noch der Weg nach oben offen bleibt,
dann kann er beim nächsten Zug eine Stufe nach oben klettern.
Am besten gelingt das Klettern am Rand des Turmes: man spart
eine Mauer, da der Rand wie eine Mauer wirkt.
Stoßen: Rückt ein Weißer neben einen anderen Weißen, so stößt
er ihn eine Stufe tiefer, und zwar auch über Mauern hinweg. Er
setzt ihn in eines der beiden darunterliegenden Felder. Dabei sind

auch Kettenreaktionen möglich: 1 stößt 2, 2 kommt dadurch neben 3 zu stehen und stößt 3, 3 kommt dadurch neben 4 zu stehen usw.

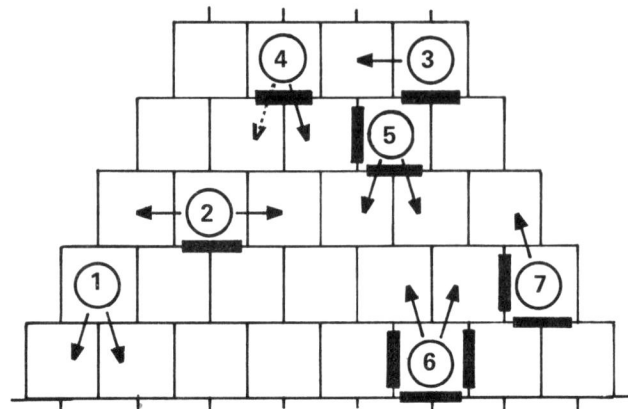

Die Pfeile bezeichnen die Möglichkeiten beim nächsten Zug: 1 fällt. 2 hat gemauert, rückt seitlich. 3 rückt neben 4, stößt dadurch 4 nach unten neben 5, der dadurch auch gestoßen wird. 6 und 7 können klettern. Wenn 6 nach rechts oben rückt, kann er 7 stoßen.

Man kann zur Einübung zunächst nur mit Weißen spielen: Wer zuletzt auf der höchsten Stufe steht, hat gewonnen.

Die Schwarzen:
Wenn ein Weißer auf die unterste Stufe sinkt, wird er zum Schwarzen. Das sind die Leute, die es aufgegeben haben, sich moralisch abzusichern, nach Wilhelm Buschs Motto: „Ist der Ruf erst ruiniert, lebt man völlig ungeniert."
Der Stein wird umgedreht, so daß die schwarze Seite nach oben zeigt. Alle Mauern des Spielers werden vom Brett genommen. Die Schwarzen können sich frei nach allen Richtungen bewegen, also auch nach oben und seitlich, ohne daß sie sich durch Mauern absichern müssen. Sie können allerdings die Mauern anderer Spieler nicht überspringen. Die Weißen können versuchen, sie einzusperren und dadurch unschädlich zu machen. Denn die Schwarzen können jeden Weißen stoßen, wenn sie neben ihn rücken. Sie selber aber können nicht mehr gestoßen werden. Wenn eine andere Figur neben sie rückt, bleiben sie stehen. Die Schwarzen haben das Spiel der Weißen verloren. Ihre einzige Chance besteht darin, daß sie sich um den Befreier versammeln.

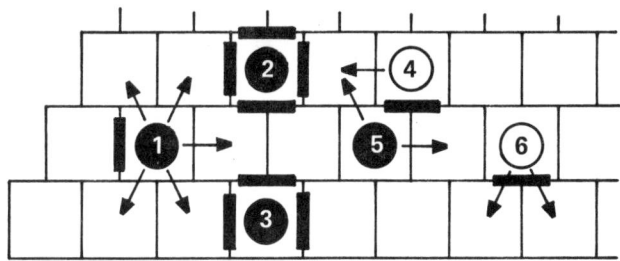

1 kann nach allen Richtungen ziehen, außer nach links wegen der Mauer.
2 und 3 sind von Weißen eingesperrt. Wenn 4 neben 2 zieht, bleibt 2 unver-
ändert: Weiß kann Schwarz nicht stoßen. Wenn 5 neben 6 rückt, fällt 6
(und wird in diesem Fall zum Schwarzen, da die unterste Stufe erreicht ist):
Schwarz kann Weiß stoßen. Wenn 5 nach oben zwischen 2 und 4 rückt,
bleibt 2 stehen, 4 sinkt eine Stufe tiefer (und stößt damit 6).

Der Befreier:
Er hat die Aufgabe, von der obersten Stufe bis zur untersten zu
ziehen, und wenn er dort angelangt ist, die Schwarzen um sich zu
sammeln. Bei seinem Abstieg zieht er abwärts oder seitwärts. Erst
wenn er unten angelangt ist, darf er nach allen Richtungen ziehen,
auch aufwärts. Jedoch darf er nicht höher rücken, als bis zu der
Stufe, auf der der höchste Schwarze gerade steht. Der Befreier
kann Weiße stoßen, wenn er neben sie rückt. Er selbst kann nicht
gestoßen werden, weder von Weißen noch von Schwarzen.
Der Befreier hat als einziger Spieler die Möglichkeit, Mauern zu
zerstören. Wenn ihm eine Mauer im Weg steht, überspringt er sie
und nimmt sie aus dem Spiel. (Vgl. Abbildung S. 96)

Die Entscheidung:
Der Kampf geht auf zwei Ebenen vor sich:
1. Die Weißen kämpfen gegeneinander um den besten Platz.
2. Der Befreier macht gemeinsam mit den Schwarzen den Weißen
die Berechtigung ihres Konkurrenzkampfes und ihrer Absiche-
rungsmanöver streitig.
Wenn es dem Befreier gelingt, sämtliche Schwarzen so um sich zu
versammeln, daß sie durch keine Mauer von ihm und voneinander
getrennt sind, so hat er das Stufensystem der Weißen außer Kraft
gesetzt: Gewonnen hat, wer bei ihm steht, ganz gleich, an welcher
Stelle der Pyramide er sich befindet, und die Weißen haben in dem
Maß verloren, wie sie vom Befreier entfernt sind.

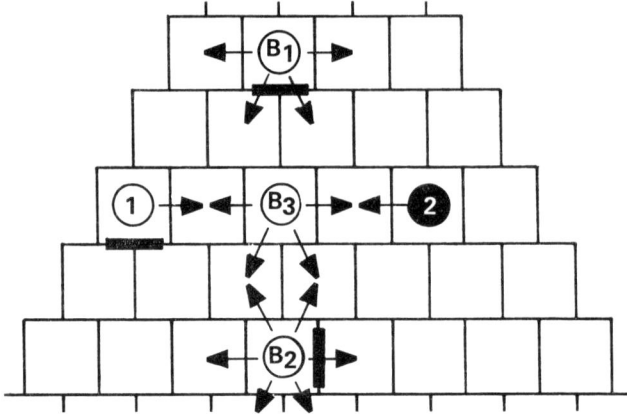

Der Befreier in verschiedenen Situationen:
B1: Der Befreier ist auf dem Weg nach unten. Züge nur seitwärts und abwärts möglich. Zieht er abwärts, überspringt er die Mauer und nimmt sie aus dem Spiel.
B2: Der Befreier hat die unterste Stufe erreicht und ist wieder aufwärts gezogen. Er befindet sich unterhalb des höchsten Schwarzen (2). Zugmöglichkeiten nach allen Richtungen. Zieht er rechts, nimmt er die Mauer.
B3: Der Befreier steht auf gleicher Höhe wie der höchste Schwarze (2). Er darf nicht höher steigen, solange der Schwarze nicht höher steigt. Zieht B3 nach links, stößt er 1 über seine Mauer eine Stufe tiefer. Zieht B3 nach rechts, bleiben B3 und 2 nebeneinander stehen: Der Schwarze wird nicht gestoßen. Ebenso bleiben beide nebeneinander stehen, wenn 1 nach rechts oder 2 nach links neben B3 ziehen. Der Befreier wird nicht gestoßen.

Gelingt es dagegen den Weißen, auch nur einen einzigen Schwarzen vom Befreier fernzuhalten, indem sie ihn einsperren, so bleibt ihr Stufensystem gültig: Gewinner ist der höchste Weiße, die Schwarzen und der Befreier haben das Spiel verloren.
Wenn ein Schwarzer eingesperrt ist, kann der Befreier die Sperrmauern nicht überspringen, da ja das eingemauerte Feld von dem Gefangenen besetzt ist. Er kann aber versuchen, den Besitzer der Mauern zu stürzen, so daß dieser zu einem Schwarzen wird und seine Mauern hergeben muß. Die Weißen wehren sich dagegen, indem sie mit ihren Mauern die Schwarzen am Aufsteigen hindern, denn dann kann ja auch der Befreier nicht zu ihnen hochkommen.
Das Spiel ist entschieden, wenn entweder alle Schwarzen um den Befreier versammelt sind, oder wenn der Befreier keine Möglichkeit mehr hat, alle Schwarzen zu sammeln.

Um das Spielergebnis deutlicher zu machen, kann man ein Punktsystem anwenden:

Gewinnen die Weißen, so zählen die erreichten Stufen als Pluspunkte (oberste Stufe: 9 Punkte; 2. Stufe von unten: 2 Punkte usw.). Die Schwarzen und der Befreier erhalten je 10 Minuspunkte. Gewinnen die Schwarzen und der Befreier, so bekommen alle Schwarzen je 10 Pluspunkte. Der Befreier erhält für jeden Schwarzen 2 Pluspunkte. Die Weißen zählen die Spielschritte, die sie vom Befreier trennen, als Minuspunkte.

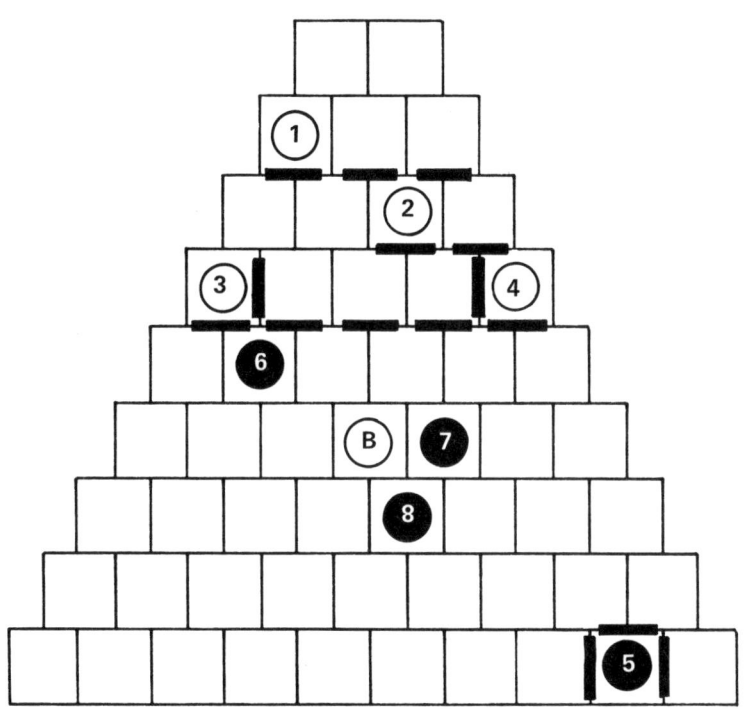

Die Weißen haben gewonnen: Der Befreier hat keine Möglichkeit mehr, 5 zu befreien. 1 hat 8 Punkte, 2 hat 7, 3 und 4 haben 6; 5, 6, 7, 8 und B haben je 10 Minuspunkte.

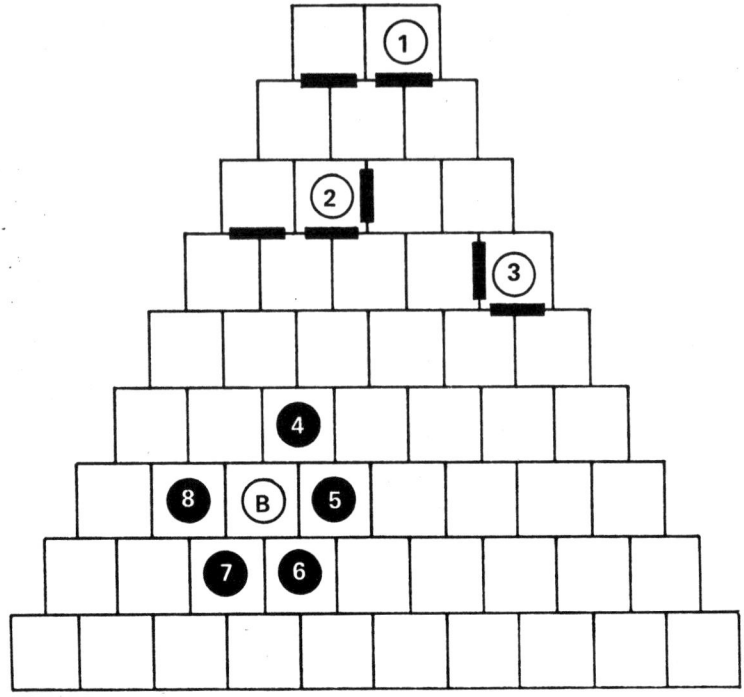

Der Befreier hat alle Schwarzen um sich versammelt. 1 hat 6 Minuspunkte, 2 hat 4 Minuspunkte, 3 hat 5 Minuspunkte; 4, 5, 6, 7 und 8 haben je 10 Pluspunkte. Der Befreier hat 5mal 2 = 10 Pluspunkte.

Nachwort

Vielleicht entsteht beim Lesen dieses Buches der Eindruck, als kön-
ne man den gesamten kirchlichen Unterricht allein mit Spielen be-
streiten. Das ist natürlich nicht der Fall. Die Spiele können andere
Unterrichtsmethoden nicht ersetzen, im Gegenteil, sie setzen sie vor-
aus. Viele hier beschriebenen Spiele verlieren ihren Sinn, wenn sie
nicht organisch verbunden werden mit dem Gespräch, der Diskussion, der Information durch den Lehrer. Es gilt also, jedes Spiel in
das Ganze des Unterrichts oder der Gruppenarbeit zu integrieren.
Der Klasse muß deutlich werden, daß ein Spiel nicht ein billiger
Zeitvertreib oder gar eine Art Belohnung für aufmerksames Mitarbeiten ist, sondern ein ernsthafter Bestandteil des Lernprozesses.
Daß es dabei trotzdem vergnüglich zugehen darf, ist klar.
Vermutlich wird es einem Praktiker, der die Anregungen dieses Buches zum ersten Mal aufgreift, zunächst genauso gehen wie uns, als
wir mit Spielen zu experimentieren begannen: Wir setzten in irgendeiner Klasse oder Gruppe ein frischgebackenes Spiel ein, ob es in
den Zusammenhang paßte oder nicht. Man merkt ja oft erst, wenn
man es ausprobiert hat, in welchen größeren Rahmen man ein Spiel
eingliedern kann. Man muß erst einmal miterleben, wie das Spiel ankommt, was in einer Gruppe möglich ist und was nicht.
Aber dann, wenn man weiß, was ein Spiel austrägt, sollte man eine
umfassendere Konzeption anstreben und einen Arbeitsplan aufstel-
len, in dem die Spiele ebenso ihren organischen Platz finden wie
zB. Schallplatten, Dia-Serien oder literarische Texte. Wenn dadurch
die Arbeit lebendiger, fantasievoller und ertragreicher wird, hat dieses Buch seinen Zweck erfüllt.

Literatur

Zu Rollenspielen:

Edmund Johannes Lutz, Das katechetische Spiel, Don Bosco Verlag München 1960

Zum Spielen von fertigen Texten:

Kleine Texte zum Spielen, Jugenddienst Verlag Wuppertal

Zum Spielen von Geschichten:

Emanuel Jung, Sonntagschule als Kindergottesdienst, Heinrich Majer Verlag Basel

Zu Entscheidungsspielen:

Max Rehm, Das Planspiel als Bildungsmittel, Quelle u. Meyer Heidelberg 1964
Jörg Ruhloff, Ein Schulkonflikt wird durchgespielt, Quelle u. Meyer Heidelberg 1970
Ulrich Baer, Spielend lernen, was Gesellschaft ist, in: Das Baugerüst 9/1968, S. 342
Ulrich Baer, Ein Modell für emanzipierende Erziehung – das Entscheidungsspiel, in: deutsche jugend 9/1969, S. 421
Gottfried Weber, Schüler – Eltern – Lehrer, in: Das Baugerüst 7/1969, S. 163
Gottfried Weber / Hubert Volk, Zwei Entscheidungsspiele, in: deutsche jugend 4/1969, S. 177

Zu gruppendynamischen Spielen:

Tobias Brocher, Gruppendynamik und Erwachsenenbildung, Westermann Taschenbuch Braunschweig 1967
Peter R. Hofstätter, Gruppendynamik, Rowohlt Taschenbuch Verlag Reinbeck 1957
William C. Schutz, Freude, Abschied von der Angst durch Psychotraining, Rowohlt Verlag Reinbeck 1971

Zu gestaltenden Spielen:

Willi Erl / Fritz Gaiser, Neue Methoden der Bibelarbeit, Katzmann Verlag Tübingen 1969
Gottfried Weber, Lernen in Gruppen, Juventa Verlag München 1967

Zu Ratespielen:

Heinz Ahnert, Der Apostel Paulus, Heilsbronner Hefte 1, Katechetisches Amt der Evang.-Luth. Kirche in Bayern 1966

Verzeichnis der Spiele

Ingrid Riedel · Bildinterpretation

Zum Umgang mit Bildern in Schule, Jugend- und Gemeindearbeit. (Hilfsbücher für den kirchlichen Unterricht Nr. 14) 192 Seiten, davon 16 Seiten Kunstdrucktafeln mit 7 vierfarbigen und 20 schwarz-weiß Abbildungen. Halbleinen DM 19.80

Endlich einmal werden die Methoden moderner Kunstwissenschaft und Kunstpädagogik für die Interpretation biblischer Bilder und ihrer kerygmatischen Wirkungsweise fruchtbar gemacht. 27 teils farbige Abbildungen — von der Wiener Genesis bis zu Nolde, Barlach und Manessier — sind dem für den Unterricht wie für die Gemeindearbeit gleichermaßen geltenden Buch beigegeben. Kirchliches Amtsblatt, Westfalen

■

Zeichnung und Bild im kirchlichen Unterricht

Ein Arbeitsbuch, mit über 150 Abbildungen, davon 36 teils farbigen Tafeln. Herausgegeben von Kurt Frör. (Hilfsbücher für den kirchlichen Unterricht Nr. 3) 4., neu bearbeitete Auflage. 300 Seiten. Gebunden DM 26.—

Die Fülle des Gebotenen kann nur gestreift werden: Kinderzeichnung; Möglichkeit und Problematik der Lehrerzeichnung; der Gebrauch geprägter Stilmittel (Sinnbilder); Zeichnung als Wortbild, als Sacherklärung, Kartenskizze, graphische Darstellung; Schülerheft; Bildbetrachtung; Flanellbild; Werkarbeit usw. Mit Beispielen und unter starker Berücksichtigung der Kunst-Didaktik und -Psychologie. Der Bezug zum Zeugniswert des Bildes bleibt überall gewahrt. Katechetische Blätter

■

Gerhard Gollwitzer · Die Kunst als Zeichen

1. Teil: *Der Ruf der Kunst*, mit ihr zu leben. Briefe aus dem Atelier. 116 Seiten und 32 Tafeln mit 150 Bildern und vielen Zeichnungen. — 2. Teil: *Eigene Schritte ins Reich der Kunst*. Praktische Anleitungen und Hinweise für Kunst im Alltag. 44 Seiten mit vielen Beispielen. Beide Teile in einem Band. Leinen DM 15.80

Der Wert der Übungen oder besser Spiele liegt im eigenen Vollziehen, im Einsehen, Begreifen, Besinnen. Man verleibt sich ein, was man sonst nur von außen streift. Über die volkserzieherische und schulische Aufgabe hinaus geht es um ein Politikum. Das Buch gilt nicht nur der Kunst, sondern dem Menschen.

CHR. KAISER VERLAG

Spielfelder

Herausgegeben von Werner Simon, Fritz Rohrer und Klaus Hoffmann

Spielfelder sind Bücher, die der Verbindung von Spiel und Gesellschaft nachgehen, die Spielraum in unserer Gesellschaft aufzeigen und ihn offenhalten wollen. Sie beschreiben die Orte, verfolgen die Wege, untersuchen Verhalten, regen zu Experimenten an, bieten Anreize und Modelle, spielen selbst. Sie informieren und geben dem Praktiker Material an die Hand, das er auf seine Weise umsetzen kann.

Spielfelder gehören dem Akteur, dem Zuschauer, dem Neugierigen, dem Beobachter, dem Experimentierfreudigen, dem Mitspieler.

Spielfelder 1: Straße

160 Seiten. Mit vielen Fotos, Zeichnungen, Textmodellen usw. Kartoniert. In Gemeinschaft mit dem Burckhardthaus Verlag, Gelnhausen/Berlin

Straße ist Alltag — Straße ist fremd und neu — Straße ist Kommunikation — Straße ist Öffentlichkeit — Straße ist Forum — Straße kann Experiment werden — Straße ist Spielfeld im Menschen ...

Dieses Buch greift solche Stichworte auf, beleuchtet Straße von vielen Seiten, unterhält damit den informationsfreudigen Leser und vermittelt dem Praktiker für seinen Wirkungsbereich zahlreiche Anregungen, Modelle, Umsetzungsmöglichkeiten.

Aus dem Inhalt: Phänomene der Straße — Plädoyer für mehr Theater außerhalb des Theaters — Tägliche Rollen — Spiele draußen zu spielen — Trimm-dich-Artikel — Lieben Sie Fußball? — Der Jahrmarkt — Kinderzeichnungen — Kleine Rednerschule — Strategisches Wörterbuch — Wie fertigt man ein Flugblatt an? — Acting-Experimente — Kunst und Antikunst auf der Straße — Zahlreiche Aktionen: politisch, gesellschaftskritisch, künstlerisch, unterhaltend — Experimente und Formen des Straßentheaters — Erfahrungen mit Bread and Puppet Theater — Happening — Maskenbau für Straßenszenen — Anleitungen für Gruppenauftritte — Spiele, Modelle, Beispiele für Praktiker.

CHR. KAISER VERLAG